AF748154

La République centrafricaine à la croisée des chemins du droit

Entre droit coutumier, droit de sécurité, force du droit positif et droit à la force

Collection « Études africaines »

dirigée par Denis Pryen et son équipe

Forte de plus de mille titres publiés à ce jour, la collection « Études africaines » fait peau neuve. Elle présentera toujours les essais généraux qui ont fait son succès, mais se déclinera désormais également par séries thématiques : droit, économie, politique, sociologie, etc.

Dernières parutions

Hygin Ignace AMBOULOU, *Code des investissements et des activités économiques. Première édition*, 2017.
Hygin Ignace AMBOULOU, *Traité de fiscalité des entreprises. Première édition*, 2017.
Hygin Ignace AMBOULOU, *La problématique du conflit de normes et de compétences dans la situation de coexistence des juridictions communautaires*, 2017.
Hygin Ignace AMBOULOU, *La construction du marché commun africain et la problématique de l'harmonisation des traités régionaux*, 2017.
Hygin Ignace AMBOULOU, *Traité de droit des transports de marchandises par route et des opérations de dédouanement. Première édition*, 2017.
Arthur SABI DJABOUDI, *Les médias d'État au Gabon. Permanence et mutations*, 2017.
Gilbert DOHO, *Le Code de l'indigénat ou le fondement des États autocratiques en Afrique francophone*, 2017.
Mpunga WA ILUNGA, *Lexique des noms lubà (République démocratique du Congo)*, 2017.
René NGATSAKO, *Une société traditionnelle du Congo-Brazzaville. La dynamique des Moye*, 2016.
Claudine-Augée ANGOUÉ, *Les fondements religieux du pouvoir néocolonial au Gabon La construction de l'ethnie philosophique*, 2016.
Lambert MOSSOA, *Gestion, maîtrise et aménagement des ressources naturelles en Afrique de l'Ouest et du Centre*, 2016.

Augustin Jérémie DOUI WAWAYE

La République centrafricaine à la croisée des chemins du droit

Entre droit coutumier, droit de sécurité, force du droit positif et droit de la force

L'Harmattan

© L'Harmattan, 2017
5-7, rue de l'Ecole-Polytechnique, 75005 Paris

http://www.harmattan.fr
diffusion.harmattan@wanadoo.fr
harmattan1@wanadoo.fr

ISBN : 978-2-343-11425-5
EAN : 9782343114255

« Une norme sociale, même rendue obligatoire par un texte juridique, ne s'appliquera que si elle est sociologiquement praticable » (R. Sabatier, « Les creux du droit positif au rythme des métamorphoses d'une civilisation » *in Le problème des lacunes en droit*, Bruxelles, Editions Bruylant, 1986, p.534).

Remerciements

Je suis venu, j'ai vu, je n'ai pas vaincu. Mais, je suis convaincu qu'un Etat ne peut se développer sans un niveau suffisant de recherches. « La République centrafricaine à la croisée des chemins du Droit » est un ouvrage que je dédie à « La Renaissance », Hymne de la République centrafricaine, qui a survécu à tous les soubresauts ayant entraîné la décadence de « Notre cher et beau pays ». Et, avec cette publication j'achève ma mission de recherches au Laboratoire interdisciplinaire CREDESPO de l'Université de Bourgogne.

Encore une fois de plus l'honneur m'échoit de réitérer l'expression de mes remerciements les plus profonds à tous ceux et à toutes celles qui, de près ou de loin, ont contribué au succès de ma mission de recherches.

- Merci Révérend Père Bruno Dufour, Curé de la Paroisse Sainte Jeanne d'Arc de Dijon ! Nos échanges spirituels pendant mon séjour m'ont permis d'affermir ma foi. Union de prière !

- Merci à mes supérieurs hiérarchiques de l'Université de Bangui qui ont daigné autoriser ma mission de recherches : Doyen Ismaïla Sy (*in memoriam*) et son successeur Pr. Augustin Kongatoua Kossonzo et le Recteur Pr. Gustave Bobossi Serengbe ainsi que ses successeurs. Avec mes distinguées et respectueuses considérations !

- Merci Philippe Icard, Vice-Doyen chargé des Relations internationales de la Faculté de Droit et Sciences économique et politique de l'Université de Bourgogne ! De la direction de ma thèse à la relecture de mes projets en passant par vos différents conseils et orientations, vous avez été d'une disponibilité indéfectible. Vous êtes plus qu'un Maître. Les mots me manquent pour vous exprimer ma profonde reconnaissance. J'ai aimé votre rigueur scientifique.

- Merci Pr. Patrick Chalot, Responsable du laboratoire interdisciplinaire CREDESPO ! Vous m'avez nommé membre rattaché de votre laboratoire de recherches. Sincère reconnaissance !

- Merci Juliette Olivier Le Prince, ingénieure de recherche du laboratoire interdisciplinaire CREDESPO ! Quelle gentille Juliette !

- Merci Pr. Pascal Lardellier et Valérie Chapotot ! Vous avez favorablement agréé ma formation en « Communication & Médiations » à l'issue de laquelle j'ai compris qu'on n'a jamais fini d'apprendre. Avec ma profonde gratitude !

- Merci Pr. Christian Trottmann de la Section philosophie du CNRS ! Ravi de faire votre connaissance !

- Merci cher Guy Daniel Ligan, responsable de la cellule informatique du Bâtiment Droit-Lettres de Dijon ! J'ai appris de vous à ne pas baisser les bras.

- Merci Monsieur et Madame Minonzo Jean-François et Marguerite de la Paroisse Sainte Jeanne d'Arc de Dijon pour m'avoir accueilli avec tant de générosité ! Infinie reconnaissance !

- Merci Catherine Enel ! Votre relecture a donné de la substance au style de mon manuscrit. Quand je vous ai écrit que je n'ai pas de remerciements matériels à vous offrir vous m'avez répondu : « Le plus beau remerciement, c'est de maintenir l'amitié ». Mes amitiés !

- Merci Stefan Stefanov ! Ravi pour notre remarquable amitié !

- Merci cher aîné Prosper Ndouba et tout le staff de la rédaction de Centrafrique presse ! Vous avez toujours accepté de faire la publicité de mes écrits et publications. Avec toute ma reconnaissance !

- Merci Me Faustin Hotto Nguizo, avocat au barreau d'Orléans ! Vous m'avez toujours encouragé à aller jusqu'au bout. Sincère reconnaissance !

- Merci à ma famille Doui (Antoine, Pierre et Barthélémy) et à ma maman Wawaye Pauline ! Vous avez souffert de mon absence surtout à un moment où la République centrafricaine a sombré dans l'insécurité. Fraternellement et filialement vôtre !

Que tous ceux et toutes celles qui ont contribué d'une manière ou d'une autre à la réalisation de mes recherches à Dijon, trouvent ici l'expression de ma profonde gratitude.

« Maintenant Ô Maître Souverain, tu peux laisser ton serviteur s'en aller en paix… ».

Bonne lecture !

Je vous aime bien.

Dédicace

La Renaissance

Ô Centrafrique, ô berceau des Bantous !
Reprends ton droit au respect, à la vie !
Longtemps soumis, longtemps brimé par tous,
Mais dès ce jour, brisons la tyrannie.
Dans le travail, l'ordre et la dignité,
Tu reconquiers ton droit, ton unité,
Et pour franchir cette étape nouvelle,
De nos ancêtres la voix nous appelle.

Refrain :

Au travail, dans l'ordre et la dignité,
Dans le respect du droit, dans l'unité
Brisons la misère et la tyrannie,
Brandissons l'étendard de la Patrie.

Préface

La République Centrafricaine, connaît encore aujourd'hui une situation délicate dans l'application du droit en raison des diverses sources juridiques qui se rencontrent dans l'ordre juridique de l'État. En effet, par delà les vicissitudes politiques, le droit peut aider à pacifier les relations entre les composantes d'une population pour faire société. C'est tout l'objet de l'ouvrage de Monsieur Doui Wawaye. Vaste domaine d'exploration que l'auteur parcourt depuis de nombreuses années. Ce travail a débuté avec une thèse soutenue de belle manière à la faculté de droit et de sciences économique et politique de l'Université de Bourgogne portant sur « La sécurité, la fondation de l'État centrafricain : contribution à la recherche de l'État de droit ». Le débat est lancé, comment stabiliser l'État institutionnellement, afin qu'il assure la sécurité des personnes et des biens tant sur le plan de l'intégrité physique des populations que des ressources économiques.

Bien sûr, comme ce livre le relate, l'histoire du pays participe pour beaucoup à cet éclatement de l'ordre juridique et à la présence de conflits réels et parfois latents. Toutefois, l'auteur montre également que si le fruit de cette histoire est là, il n'explique pas tout. Les choix opérés par les politiques, les actes commis depuis plus d'une vingtaine d'années construit aussi la situation contemporaine. Sur le plan juridique, l'équation à résoudre, aujourd'hui, est justement de trouver un équilibre entre des normes trouvant ancrage dans les pratiques et coutumes et les règles adoptées par l'État. Or, comme le souligne l'auteur, la dimension sociologique doit être incluse dans la fabrication de la norme étatique afin qu'elle soit reçue sur l'ensemble du territoire. En réalité, la quête actuelle des gouvernants centrafricains, selon l'auteur, est de permettre une application uniforme du droit sur la totalité du territoire de la République Centrafricaine.

Pour atteindre cet objectif, Monsieur Doui Wawaye se livre à une critique courageuse et sans concession de la situation. Il montre la coexistence voire la confrontation des normes coutumières et celles édictées par la puissance publique. Il révèle, également, la présence d'autorités concurrentes pour faire appliquer ces droits. De là naissent des antagonismes forts, rendant impuissantes les lois d'amnistie et sans effet un embryonnaire droit post conflit. Comment, alors, trouver une réponse ? L'auteur est clair : dans une autonomie du droit national. Pour atteindre cet objectif, il propose des clés : l'absolue nécessité de réussir l'unité nationale sur des valeurs communes comme l'égalité en droit des personnes, le respect de la dignité humaine, afin de briser les réflexes identitaires de types tribaux, ethniques et religieux. Sur ce socle nouveau peut alors se bâtir un ordre juridique accepté par tous, contrôlé par des juges indépendants. Le chemin à parcourir, est long et semé d'embûches. L'auteur en est conscient. Mais il demeure convaincu, que si la dimension politique est essentielle, la force du droit et non le droit de la force peut apporter une pierre à l'édifice de l'État Centrafricain.

Il est aisé de le suivre, tant la démonstration est convaincante et l'écriture facile. Souhaitons que cette construction intellectuelle, puisant sa contribution dans l'histoire et la sociologie du pays, trouve une belle consécration concrète dans le futur.

Philippe ICARD

Vice-Doyen chargé des relations internationales

Faculté de droit et de sciences économique et politique

Université de Bourgogne

Sommaire

Introduction

L'histoire et le destin de la République Centrafricaine (RCA)[1] se confondent avec ceux de l'Afrique Équatoriale Française (AEF). En effet, l'arrivée des Européens dans la région appelée aujourd'hui RCA fut tardive. L'occupation s'était imposée pour rallier le Tchad avec les possessions françaises de la côte Ouest de l'Afrique et le Nord de l'Afrique[2]. Pierre Savorgnan de Brazza[3], chargé de réaliser la liaison, a exploré la Haute Sangha[4]. Mais il s'est heurté à l'occupation allemande du Cameroun. C'est Albert Dolisie[5] qui fonda, le 26 juin 1899, le poste de Bangui[6] alors que les Belges, de leur côté, venaient de fonder un jour plutôt, le 25 juin 1889, la ville de Zongo en face de Bangui[7]. La RCA doit donc son nom pour des raisons à la fois historiques liées à un projet personnel de B. Boganda et à sa position géographique.

Sur le plan historique, vers 1885, les explorateurs belges vont découvrir le cours inférieur du fleuve « Oubangui ». Les territoires situés de part et d'autre du

---

1 - République Centrafricaine en abrégée RCA aussi appelée Centrafrique soit en *sango Ködörösêse ti Bêafrîka ou Bêafrica*

2 - P. Mollion, *Sur les pistes de l'Oubangui-Chari au Tchad : 1890-1930 : le drame du portage en Afrique centrale*, Paris, Editions L'Harmattan, 1992.

3 - Pierre Savorgnan de Brazza, né le 26 janvier 1852 à Castel Gandolfo, mort le 14 septembre 1905 à Dakar, est un explorateur italien, naturalisé français. Officier de marine, c'est lui qui a ouvert la voie à la colonisation française en Afrique centrale. Pour plus de détails sur cet explorateur, voir M. de Brazza, *.P Savorgnan de Brazza*, Paris, Editions « Je sers », 1943 ; J. Autin, *Pierre Savorgnan de Brazza : un Prophète Du Tiers Monde*, Paris, Editions Perrin, 1985.

4 - Région du Sud de la RCA, aujourd'hui Préfecture de la Sangha Mbaéré ayant pour principale ville Nola. Voir Décret des 5 juin et 30 août 1934, *Journal Officiel* du 15 octobre 1934, p.802.

5 - S. Scmitt, « Louis Albert Henri Dolisie » *in Nouveau dictionnaire de biographie alsacienne*, vol.44, p. 4563.

6 - J. Cantournet, « Note sur les origines et la fondation de Bangui » *in Revue française d'histoire d'outre-mer*, 1986, volume 73, n°272, p.347-357.

7 - Pour de plus amples détails sur la découverte et l'administration de la terre centrafricaine par les colons, voir KALK Pierre, *Histoire Centrafricaine des origines à nos jours : des origines à 1966*, Paris, 1992, 2ème édition L'harmattan ; 353p (Texte abrégé d'une thèse de doctorat, 2 vols, Sorbonne, 1970).

fleuve furent partagés entre la France et la Belgique. La partie française s'appelait alors « Oubangui-Chari »[8]. Le territoire fut livré à l'exploitation des sociétés capitalistes qui soumirent les populations indigènes aux travaux forcés. L'Oubangui-Chari connut probablement en ce temps l'une des colonisations les plus brutales de son histoire[9] malgré quelques mouvements de résistance à l'instar de la guerre de *Kongo Wara* dont le principal leader fut *Karinou*[10]. Par décret du 29 décembre 1903, l'Oubangui-Chari devient une colonie de la France[11]. Le 11 février 1906, un autre décret fait de Bangui la capitale de l'Oubangui-Chari[12]. Le 15 janvier 1910, la colonie Oubangui-Chari est associée à celles du Congo, du Gabon et du Tchad pour former l'AEF.

La mission civilisatrice de la France a consisté en l'implantation de petits postes administratifs et au tracé de quelques routes principales. Faisant le bilan de l'occupation française, l'historien P. Kalk considérait l'Oubangui-Chari comme « la plus délaissée des colonies françaises »[13]. La France y pratique une politique d'assimilation, notamment par l'imposition des lois, des croyances ou des traditions de la langue française[14]. La mise en œuvre de cette politique, à travers l'école, n'a pas véritablement fonctionné en raison d'un manque de réelle

---

8 - Sur l'Oubangui Chari, voir C. Liauzu (dir), « Oubangui-Chari (Centrafrique) », *in Dictionnaire de la colonisation française*, Paris, Editions Larousse, 2007, p.513-514.

9 - T.E. Agoumara, *Guerres et politique coloniale : le cas de l'Oubangui-Chari (1870-1956)*, Thèse de doctorat d'histoire, Université de Toulouse, 1998.

10 - R. Nzabakomada-Yakoma, *L'Afrique centrale insurgée. La guerre du Kongo-Wara 1928-1931*, Paris, Editions L'Harmattan, 1986.

11 - Décret du 29 décembre 1903, *Portant organisation du Congo français et dépendancse*, publié au Journal officiel de la République française du 24 janvier 1904.

12 - Décret du 11 février 1906, *Portant réorganisation des possessions du Congo français et dépendances*, publié au Journal officiel de la République française du 14 février 1906.

13 -P. Kall, *Histoire de la République Centrafricaine des origines à nos jours*, Paris, Berger-Levrault, 1974.

14 - M. Amaye, *Les missions catholiques et la formation de l'élite administrative et politique de l'Oubangui-Chari de 1920 à 1958*, Thèse de 3ème cycle d'Histoire des pays d'outre-mer), 1985.

volonté politique d'une part, et de moyens adéquats dans l'enseignement public d'autre part. Le bouleversement causé par la colonisation a mis en contact des peuples d'ethnies différentes nécessitant une langue commune pour la communication quotidienne[15]. Depuis, l'Oubangui-Chari a conservé le français comme langue officielle, utilisée dans les documents administratifs, alors que le *sango*, langue véhiculaire, agit comme unificateur du pays, permettant à chacun de se comprendre sans éducation scolaire avancée[16]. Par décret de 1946, l'Oubangui-Chari devient officiellement un « Territoire d'Outre-Mer » (TOM).

Selon les faits relatés par le contemporain de B. Boganda, Monsieur P. Kalk, le contexte de l'année 1958 était marqué par le référendum sur la « Communauté franco-africaine » initié par le général Ch. De Gaulle[17]. B. Boganda était partisan d'un « non » et, en tant que leader il voulait le maintien de la présence française pour deux raisons : selon lui, elle préviendrait toute menace des pays musulmans limitrophes, qui autrefois auraient été responsables de la traite négrière dans la région, mais surtout, elle pallierait la pénurie de cadres oubanguiens dans divers domaines. Mais le 28 septembre 1958, le « oui » au référendum l'emporte en Oubangui-Chari. Et toute l'AEF approuve la Communauté. Pour B. Boganda rien ne s'oppose donc à ce que l'AEF devienne un Etat unique qu'il se propose de renommer l'ensemble : « République centrafricaine ». Allant encore plus loin, il lance un appel pour la création des Etats-Unis de l'Afrique latine constitués de l'Angola, de la République

15 - F. Eboué, *Les peuples de l'Oubangui-Chari. Essai d'ethnographie, de linguistique et d'économie sociale*, Paris, Comité de l'Afrique française, 1933.

16 - L'article 18 de la Constitution du 30 mars 2016 dispose que la langue nationale de la République centrafricaine est le *Sango*. Ses langues officielles sont le *Sango* et le Français.

17 - P. Kalk, *Barthelemy BOGANDA : 1910-1959 élu de Dieu et des centrafricains*, Saint Maur, Editions Sepia, 1995, p. 159-186

Démocratique du Congo, du Rwanda, du Burundi, de la République du Congo, de la République centrafricaine, du Tchad, du Cameroun, du Gabon et de la Guinée équatoriale. Mais le projet d'Etat unitaire n'a pas entraîné l'adhésion des dirigeants de l'AEF. Alors, à contrecœur, B. Boganda va proclamer la « République centrafricaine » pour le seul territoire de l'Oubangui-Chari.

La revendication de l'indépendance va conduire l'Oubangui-Chari à devenir RCA le 1er décembre 1958, puis un Etat indépendant proclamé le 13 août 1960, admis aux Nations-Unies le 20 septembre de la même année[18]. Ainsi, dit-on que la RCA veut dire une « République avortée »[19].

Sur le plan géographique, située en plein centre du continent africain il suffit de regarder une carte de l'Afrique pour être frappé par la position unique qu'occupe la RCA. D'emblée, elle s'inscrit au nombre des Etats africains qui sont les plus durement pénalisés par leur enclavement. La RCA, aussi appelée la Centrafrique, se présente actuellement comme un vaste territoire de 623.000 km² limité par six pays, à savoir : le Soudan et le Soudan du Sud à l'Est, le Cameroun à l'Ouest, le Tchad au Nord, la République du Congo (Brazzaville) et la République Démocratique du Congo (ex Zaïre) au Sud.

La position géographique de la RCA, à cheval sur deux grandes zones climatiques, sahélienne au Nord et équatoriale au Sud, fait d'elle un pays aux ressources naturelles variées, propice à des cultures diversifiées, à la pêche et à l'élevage. Traversée de nombreux cours d'eaux, abritant une forêt dense, humide et étendue, favorisée par un sous-sol riche en diamants et en or, la RCA ne manque

---

[18] - Résolution 1488 (XV) adoptée par l'Assemblée générale à sa 864ème séance plénière tenue le 20 septembre 1960 portant admission de la RCA comme membre de l'ONU.

[19] - Voir Arol Ketchiemen, *Dictionnaire de l'origine des noms et surnoms des pays africains*, Favre, 2014, p.90.

pas d'atouts et son potentiel devrait être suffisant pour couvrir les besoins primaires de sa population.

L'année 1959 a été une période particulièrement marquante dans l'histoire politique, institutionnelle et juridique de la RCA. Le 19 février 1959, cet Etat, proclamé République depuis le 1er décembre 1958, s'est doté de sa première Constitution. Cette « Mama ndiya » (Mère-Loi) pour dénommer la Constitution en RCA, inspirée de la Constitution française de la IVe République, a institué un Chef d'Etat qui est en même temps Président du Gouvernement, élu par une Assemblée législative et responsable devant elle. Le régime politique nouvellement instauré aboutit à la collaboration des deux pouvoirs. Elle se traduit notamment par le partage de l'initiative des lois, ainsi que par une détermination concertée de l'ordre du jour des travaux parlementaires. Elle se traduit enfin par la délégation du pouvoir législatif à l'exécutif généralement en période d'intersessions parlementaires au cours desquelles le gouvernement peut prendre, sous forme d'ordonnance, des mesures législatives. La collaboration des deux pouvoirs résulte également du contrôle gouvernemental par le Parlement.

En outre, l'exécutif et le législatif disposent de moyens de pressions et d'actions réciproques qui leur permettent de se censurer mutuellement. Il y a, d'une part, la motion de censure qui permet au Parlement, en cas de crise, de renverser le Gouvernement ; en contre partie, l'exécutif dispose du droit de dissolution qui lui permet de mettre fin, avant le terme normal, au mandat des députés. Pour donner un gage aux éventuels investisseurs étrangers, des mesures appropriées ont été prises en matière de sécurité. Une équation a été posée : « la RCA égale Suisse africaine » ou encore « la RCA égale terre de paix ». Le mot « ordre » sera donc la mobilisation nationale contre l'insécurité posée en termes d'ennemi numéro un du Peuple centrafricain. Mais aujourd'hui, l'histoire politique de la RCA nous raconte tout le contraire : « La République centrafricaine est pire qu'un Etat failli : elle est quasiment devenue un Etat fantôme, ayant perdu toute capacité institutionnelle significative »[20]. Le parcours politique de la RCA a été caractérisé par un « Etat en déliquescence depuis des décennies » dont les sempiternels problèmes de sécurité sont alimentés par ses richesses minières. La RCA a été, au fur et à mesure de la disparition des signes de vie d'un Etat dans la majeure partie du territoire, un « eldorado » pour une multitude de trafiquants de « pierres précieuses »[21]. Cet Etat n'a connu qu'une suite de régimes politiques de « violence »[22]. Pendant plus d'un demi-siècle, on a pu constater des carences dans les méthodes de gouvernements. Il en résulte particulièrement des phénomènes tels que l'autoritarisme, la personnalisation excessive du pouvoir, le déni des droits fondamentaux de la personne humaine, la prédominance des gouvernements non élus et n'ayant de compte à rendre à personne[23].

Depuis l'Indépendance, la RCA est une Nation minée par la pauvreté et qui n'a connu que des régimes dictatoriaux et d'instabilité politique. Cinq coups d'Etat ont secoué la RCA : la nuit du 31 décembre 1964 où Jean Bedel Bokassa renversa David Dacko ; le 20 septembre 1979, quand celui-ci reprend le pouvoir ; le 1er septembre 1981, quand André Kolingba dépose par la force David Dacko ; le 15 mars 2003 quand la tradition permet à François Bozizé de renverser Ange Félix Patassé ; le 24 mars 2013, quand François Bozizé est évincé à son tour par la coalition *Séleka* dont le principal fédérateur est

---

[20] - International Crisis Group, *République centrafricaine : anatomie d'un Etat fantôme*, Rapport Afrique, n°136, 2007.

[21] - International Crisis group, *De dangereuses petites pierres : les diamants en République centrafricaine*, Rapport Afrique n°167, 16 décembre 2010.

[22] - International Crisis Group, *Centrafrique : les racines de la violence*, Rapport Afrique n°230, 21 septembre 2015.

[23] - International Crisis Group, *La face cachée du conflit centrafricain*, Briefing Afrique, n°105, 12 décembre 2012.

Michel Ndjotodja. Les autres traits caractérisant tous les différents régimes sont : la corruption, le clientélisme, l'improvisation, la confiscation du pouvoir par une minorité, l'arbitraire, l'absence de volonté et de vision politiques claires, l'exclusion, l'affairisme et une conception étroite du pouvoir[24]. A cela, il faut ajouter que la crise de confiance entre les différents acteurs de la vie politique du pays caractérise les hommes politiques centrafricains. Presque sans exception, chaque dirigeant de la RCA est arrivé au pouvoir et a fini renversé par un coup d'Etat militaire[25]. Rien qu'entre 1996 et 2016, la RCA a vécu plus d'une dizaine de soulèvements militaires auxquels s'ajoute aujourd'hui un état de rébellion[26] quasi permanent non encore éradiqué, en dépit de l'organisation incessante de ce qui est convenu d'appeler, en RCA, « le dialogue national »[27] assorti d'Accords sur Accords[28].

L'insécurité vécue et ressentie en RCA depuis 1966, année du premier coup d'Etat de l'histoire centrafricaine[29], est un vrai problème et une menace réelle sur les valeurs de solidarité et de « vivre-ensemble ». Elle continue de

---

[24] - D. Niewiadowski, « Centrafrique : les illusions perdues » *in La Revue géopolitique*, 17 juin 2015.

[25] - D. Niewiadowski, « La République centrafricaine : le naufrage d'un Etat, l'agonie d'une Nation », [En ligne], Consulté le 03 juillet 2016, URL : http://afrilex.u-bordeaux4.fr/chronique-d-actualite-politique.html

[26] - International Crisis Group, *La crise centrafricaine, de la prédation à la stabilisation*, Rapport Afrique, n°219, 17 juin 2014.

[27] Les formules de conférence nationale, de dialogue politique, de dialogue national (période de la transition 2003-2004) et de dialogue politique inclusif (janvier 2009) ont été expérimentées et n'ont guère abouti à des résultats probants.

[28] - Les derniers accords annonçant la fin des hostilités sont :

- l'accord de Syrte du 2 février 2007,
- l'accord de paix de Birao du 13 avril 2007,
- l'accord de cessez-le-feu et de paix de Libreville du 9 mai 2008,
- l'accord de paix global du 21 juin 2008,
- les accords de Libreville du 11 janvier 2013,
- l'accord de fin des hostilités de Brazzaville du 23 juin 2014.

Le Forum de Bangui s'est achevé par un accord républicain pour la paix, la réconciliation nationale et la reconstruction, et l'accord pour le Désarmement, la Démobilisation, la Réinsertion et Rapatriement (DDRR) du 11 mai 2015.

[29] - J.N.Brégeon, *Un rêve d'Afrique : administrateur en Oubangui-Chari : la cendrillon de l'empire*, Paris, Editions Denoël, 1998.

préoccuper les autorités politiques centrafricaines, la population civile, la communauté internationale et les Etats avoisinants de la RCA. Les thèmes de la restauration de l'ordre sécuritaire et de l'autorité de l'Etat, la revitalisation de l'administration, la réinstallation des déplacés et des réfugiés, la bonne gestion des finances constituent, sans nul doute, les thèmes principaux des débats publics en RCA, ceci alors que la RCA a toujours connu des moments de crise, de remise en question, voire de négation de son existence[30].

Le Droit qui régit le fonctionnement de la RCA se trouve à la « croisée des chemins » : la vie quotidienne est tiraillée entre la « force du Droit » et le « Droit de la force ». Ce qui fait entrevoir la dialectique entre la justice et la force telle qu'elle a été, dès le XVIIe siècle, énoncée par B. Pascal dans une de ses « Pensées » en ces termes : « La justice sans la force est impuissante ; la force sans la justice est tyrannique. La justice sans la force est contredite, parce qu'il y a toujours des méchants ; la force sans la justice est accusée. Il faut donc mettre ensemble la justice et la force ; et pour cela faire que ce qui est juste soit fort, ou que ce qui est fort soit juste »[31]. Cette pensée du grand philosophe français est une assertion qui s'applique parfaitement à la situation de la RCA, pays englué, année après année, dans un cercle vicieux d'instabilité politique, d'insécurité, de corruption et de pauvreté extrême[32]. La RCA se trouve dans une aporie où tout problème juridique, politique, économique et social semble insoluble. La RCA en est arrivée à une sorte de carrefour où tout Droit est concurremment amené à s'appliquer sur le territoire national. Ce carrefour trouve

---

30 - P. Gourdin, « République centrafricaine ; géopolitique d'un pays oublié », *La Revue géopolitique*, mars 2013, p.10.

31 - B. Pascal, *Pensées*, Paris, Editions Le livre de poche, coll. « Classiques », 2000, p.298- 299.

32 - J. Binoua, *Centrafrique : l'instabilité permanente*, Paris, Editions L'Harmattan, coll. « Etudes africaines », 2005.

son essence dans un « pluralisme juridique »[33] qui concurrence le « positivisme juridique »[34] dont la vision moniste exclut l'existence de tout autre Droit que les Lois et la jurisprudence[35]. Non seulement la RCA est une Nation composée de groupes ethniques différents, porteurs de presque autant de pratiques coutumières, mais l'Etat est aussi régi par le Droit écrit. L'Etat centrafricain doit à la fois établir une règle spéciale susceptible de faire face à l'insécurité et à la violence généralisée, et avoir un « Droit de crise » capable de contenir tous les protagonistes dans la crise politique. La RCA est donc l'exemple type du pluralisme juridique dont les composantes sont :

1. l'emprunt à la législation française du Droit positif : le Droit positif, selon J. Vanderlin, a une définition qui comprend huit éléments : il « est unique (il n'y en a qu'un dans le ressort qui est le sien), étatique (ce ressort est celui de l'Etat, seul producteur de droit) formé de règles abstraites tendant à l'objectivité dans une hiérarchie donnée par la loi dont les procédés déductifs (du général au particulier) permettent de dégager la manière de résoudre des cas concrets »[36]. Si le Droit est l'élément le plus important d'une société, comme l'affirme l'adage romain *Ubi societas, Ubi jus*, il convient de remarquer que la RCA a transposé dans son Droit interne toute une série de concepts qui composent le Droit français, notamment les règles qui régissent l'organisation

---

[33] - N. Rouland a estimé que le pluralisme juridique est un « courant doctrinal insistant sur le fait qu'à la pluralité des groupes sociaux correspondent des systèmes juridiques multiples agencés suivant des rapports de collaboration, coexistence, compétition ou négation ; l'individu est un acteur du pluralisme juridique dans la mesure où il se détermine en fonction de ses appartenances multiples à ces réseaux ». Voir N. Rouland, *L'anthropologie juridique*, Paris, Editions Presses universitaires de France, 1991, p.39.

[34] - L. Hansen-Love, « Positivisme » *in La Philosophie de A à Z*, Paris, Editions Hatier, 2009, p.355.

[35] - A. Viala, « Le positivisme juridique : Kelsen et l'héritage kantien », *Revue interdisciplinaire d'études juridiques* 2/2011 (Volume 67), p. 95-117

[36] - J. Vanderlinden, « Les droits africains entre positivisme et pluralisme », *Bulletin des séances de l'Académie royale des sciences d'outre-mer*, 46 (2000) p.279-292

des pouvoirs publics, les lois organiques, les lois ordinaires, les décrets et les règlements administratifs. L'histoire du Droit centrafricain fait également ressortir une constante : le législateur centrafricain est confiné à son rôle de ne voter que la loi des finances. Le juge centrafricain n'applique que le Droit français. Les avocats ne plaident que pour l'indemnisation des victimes d'accident de route en application de l'article 1382 du Code civil français[37].

Si en France, pays où le Droit est florissant et en constante évolution en référence à la mutabilité de sa société, en RCA, le Droit est statique et aussi en lui-même une excroissance du Droit français, sinon son propre produit. Cette logique conduit naturellement la pensée juridique centrafricaine à se référer à la doctrine française puisqu'il n'y en a pas pour l'heure en RCA, et à la jurisprudence française puisqu'il y en a peu en RCA. Par conséquent, c'est entre l'état du Droit français complet, abondant et florissant, et du Droit centrafricain, empreint de sécheresse, que devra se mouvoir la réalité du Droit positif centrafricain. Ce qui permet, le plus souvent, une importante confusion entre Droit et politique. Autour de cette relation ambiguë entre Droit et politique en RCA, où la politique a tendance à gouverner le Droit, gravite toute une série de difficultés pour asseoir un Etat de droit.

L'effectivité du Droit positif est confrontée à des éléments spécifiques à la situation de la RCA : silence de la Loi, lacune, ineffectivité, inefficacité, etc. L'objectif à atteindre est donc de voir comment le Droit positif français emprunté par la RCA parvient à s'emboîter dans tout un ensemble hétéroclite de situation en tenant compte de la langue, des institutions, des concepts, des valeurs, des habitudes et des pratiques.

---

[37] - « Tout fait quelconque de l'homme, qui cause à autrui un dommage, oblige celui par la faute duquel il est arrivé à le réparer ».

2. la difficile quête d'un Droit de sécurité : Depuis de nombreuses années, la RCA est confrontée à la prévalence de l'insécurité due à la libre circulation des armes de guerre et de petit calibre. Le système politique peine à trouver un ensemble de voies et mesures tant juridiques que politiques qui permettraient d'assurer à la fois la sécurité des personnes et de leurs biens et de garantir les libertés individuelles. Le contexte est particulièrement marqué par la dialectique entre la défense des intérêts nationaux et l'imposition de mesures sécuritaires draconiennes qui débouchent sur une atteinte grave aux droits fondamentaux.

Les droits de la personne humaine sont donc traités avec un mépris total, au nom de la menace contre la sécurité. Les impératifs de sécurité incitent donc à non seulement élaborer toute une floraison de dispositifs sécuritaires exceptionnels visant à restreindre la jouissance de certains droits, mais surtout à adopter des méthodes peu efficaces qui entraînent des dérives sécuritaires. Or, l'insécurité est une atteinte grave à l'ordre public, et l'Etat peine à l'éradiquer par manque des moyens nécessaires. La réforme du secteur de sécurité dans son ensemble est un défi politique, juridique, économique et social à relever en RCA[38] ; raison de plus pour chercher à trouver un équilibre entre l'impératif de sécurité et la protection des droits humains telle qu'elle a été dégagée par la Charte internationale des droits de l'homme[39].

---

[38] - Y.G.Golo, *La réforme du secteur de la sécurité en République centrafricaine*, Paris, Editions L'Harmattan, coll. « Etudes africaines », Série Politique, 2016.

[39] - Selon le langage de l'ONU, la Charte internationale des droits de l'homme comprend la Déclaration universelle des droits de l'homme, le Pacte international relatif aux droits économiques, sociaux et culturels, le Pacte international relatif aux droits civils et politiques et ses deux protocoles facultatifs. Voir R. Vaneigem, *Déclaration des droits de l'être humain*, Editions Le Cherche-Midi, coll. « Amor Fati », 2001.

3. la prégnance du Droit coutumier : Aucun Droit d'un Etat ne peut faire abstraction de ses us et coutumes[40]. Le Droit romain classique, dont l'évolution s'est déroulée sur plusieurs siècles, avait déjà assez souvent eu recours aux coutumes pré-étatiques. Celles-ci étaient pour partie réélaborées au cours du processus de création législative et rentraient partiellement dans les premiers recueils de normes juridiques sans modifications substantielles[41]. On pouvait observer une situation analogue dans les autres sociétés où les lois se fondaient sur les normes du Droit coutumier et où les actes législatifs tenaient compte des coutumes[42].

Mais, si un Etat vit constamment sous l'empire de la coutume, le Droit et la justice risquent fort d'être négligés dans leur mission d'ordonner la société. Le recours à la coutume soulève un important problème épistémologique en RCA dans la mesure où le Droit, la loi et la justice sont fréquemment défiés. En l'absence de contrôle effectif de l'Etat centrafricain sur l'ensemble de son territoire, certains endroits reculés sont administrés par les « chefs de terres » qui se considèrent à la fois comme « législateurs » et « juges », qui exécutent leurs lois et qui rendent justice à leur guise, avec des sentences, souvent très lourdes et toujours incontestables. Il y a donc la loi de l'Etat et celle du « village » et, en l'absence de l'autorité de l'Etat, c'est la loi du village qui l'emporte, appliquant systématiquement la coutume. Au niveau des rapports entre les services de l'Etat et ses usagers locaux, l'ambivalence est également de règle. Aux normes et politiques officielles se

---

[40] - A. Rouhette, « COUTUMIER DROIT » *in Encyclopædia Universalis* [en ligne], consulté le 3 juin 2016. URL : http://www.universalis.fr/encyclopedie/droit-coutumier/

[41] - cf. Ilia ch. Axionov et Larissa Svetchnikova, « La théorie du droit coutumier dans la recherche: ethnologie, théorie du droit et histoire du droit », *Droit et cultures* [En ligne], 50 | 2005-2, mis en ligne le 28 mai 2009, consulté le 03 juin 2016. URL : http://droitcultures.revues.org/1060

[42] - J.-P. Magnant, « Le droit et la coutume dans l'Afrique contemporaine » *in Droit et cultures* [En ligne], 48 | 2004-2, mis en ligne le 09 mars 2010, consulté le 03 juin 2016. URL : http://droitcultures.revues.org/1775

superposent d'autres normes et consignes informelles, une sorte de « politique publique informelle » qui permet à l'Etat de compenser son faible ancrage dans la société en jouant sur les réseaux clientélistes au sein des arènes politiques locales ; elle permet aussi aux notables locaux de tirer profit de leur proximité avec les services et agents de l'Etat pour asseoir leur position dans ces arènes politiques, sans pour autant respecter les normes officielles de l'Etat. La RCA doit donc parvenir à articuler législation nationale et droits locaux.

4. la persistance du Droit de la force : Il paraît absurde qu'au XXIe siècle, dans un coin reculé du monde, les Hommes usent de la violence pour se rendre maîtres de leur personne, de leur famille ou de leurs biens, ou encore pour s'accaparer le pouvoir. La RCA se situe désormais dans cette condition que le *Léviathan* de Th. Hobbes nomme « guerre » ; et cette guerre est une guerre de chacun contre chacun. La lutte effrénée pour le pouvoir par l'usage des armes fait que la RCA apparaît comme un pays « sans loi », avec des autorités de fait qui imposent leur volonté contre la Loi. Le Droit, défini par C. Larroumet comme « corps de règles ordonnant la vie en société »[43], est impuissant à régir non seulement les relations sociales mais les comportements des individus. Or, la réalité du positivisme juridique rappelle que le Droit ne peut être puissant que dans le cadre d'un Etat dont l'action est forte. Dès lors, le Droit n'aura d'autorité que dans la mesure où l'Etat lui en attribue.

Un rapport de force n'a jamais instauré une stabilité durable. Même le conquérant sait bien, comme l'écrit J.J. Rousseau, que « le plus fort n'est jamais assez fort pour être le maître, s'il ne transforme sa force en droit et l'obéissance en devoir »[44].

---

[43] - C. Larroumet, *Droit civil*, Tome 1, Paris, Editions Economica, 1984, p.8.

[44] - J.J. Rousseau, *Du contrat social*, 1762, Livre I, chapitre III, Du droit du plus fort.

5. La recherche d'un Droit de crise : En 2016, la RCA en est à sa sixième Constitution en seulement 56 ans d'existence. L'application et le respect de chacune de ces Constitutions ont toujours été un échec, un article de la Constitution pesant peu devant une « baïonnette ». La constitutionnalisation de la RCA n'a jusqu'ici servi à rien car le non-respect d'un seul article a pu contribuer à ruiner la RCA. La résolution juridique des crises politiques passe par la signature des Accords qui entament la Constitution en vigueur.

La RCA doit-elle, alors, élaborer son propre Droit positif ? Quel serait le contenu de ce Droit qui doit avoir une force et permettre de pérenniser la vie publique ? Quel mécanisme pourrait garantir la primauté et la force de ce Droit ?

Dans son approche idéologique, la mondialisation du Droit laisse la perspective de la domination des normes occidentales. Pour la pallier, la préférence des termes de l'universalisation du Droit est souhaitée car celle-ci opère un syncrétisme sociologique des grandes traditions juridiques mondiales, notamment celles d'origines latino-européenne, anglo-saxonne ou latino-américaine. La formalisation centrafricaine doit confiner ces valeurs juridiques sous l'appellation de « Droit centrafricain ». C'est alors que la reconquête du classicisme juridique en RCA répondra à une préoccupation de construction technique de la pensée juridique, dans la mesure où elle met en perspective la permanence des règles qui ordonnent le comportemental et le relationnel dans le respect de l'ordre public, de l'autorité, des institutions, d'autrui et de soi-même.

Le Droit, en RCA, doit répondre aux exigences du positivisme sociologique intégrant les données de contingence et de réalité. Et, comme l'affirme E. Le Roy, le défi fondamental du Droit est de « se situer simultanément dans plusieurs *topoi* ayant sa propre logique »[45], sachant que, selon C. Ntampaka, « En Afrique centrale, trois idées maîtresses forment le support de la structure sociale et de la pensée en général : l'existence d'une force vitale qui unit les générations, la hiérarchie au sein de la famille et la primauté de la communauté »[46].

Le moins que l'on puisse dire est que l'on traite souvent le Droit comme un « ordre » par lequel les règles juridiques s'organisent, se coordonnent et se matérialisent dans les Lois interprétées par la jurisprudence. Cette organisation, appelée « ordre juridique », est défini par P.-M. Dupuy comme un « ensemble coordonné des normes dotées de force obligatoire à l'égard des sujets déterminés, et dont la méconnaissance entraîne des conséquences définies »[47]. La RCA dispose d'un ordonnancement juridique apparemment établi avec ses sources formelles et non formelles respectant une hiérarchie au sommet de laquelle se situe la Constitution.

Dans cet ordonnancement, la coutume a bel et bien une place comme source du Droit positif. Alors, toute norme qui n'est pas reconnue par cet ordre n'est pas juridique. Si bien que, les contestations qui surgissent dans l'application d'une règle issue de cet ordre ne doivent être résolues que par les instances habilitées à cet effet. Loin d'être un ordre parfait, l'ordre juridique centrafricain doit traiter des problèmes liés à l'élaboration des textes juridiques et à leur application. La situation particulière de la RCA rend très complexe l'approche du Droit existant (Partie 1) qui mérite d'être uniformisé (Partie 2).

---

[45] - E. Le Roy, « Juristique et anthropologie » *in Journal of Legal Pluralism and Unofficial Law*, 1990, p.11.

[46] - C. Ntampaka, *Introduction aux systèmes juridiques africains*, Namur, Presses universitaires de Namur, 2005, p.3.

[47] - P-M. Dupuy, *Droit international public*, Paris, Editions Dalloz, 2004, p.12.

Partie 1

L'approche critique du Droit centrafricain existant

Il est inutile de revenir sur le mimétisme constitutionnel, ses raisons, ses échecs et son bilan, car d'autres doctrines l'ont déjà fait[48]. La RCA a hérité de deux modèles juridiques dont la coexistence peut rendre problématique la production et la mise en pratique du Droit. Le premier modèle est fondé sur la « légalité rationnelle » ; legs colonial, elle est le fondement même de la création d'Etats souverains et a une caractéristique principale : la loi est générale et impersonnelle. Elle s'applique indistinctement à tous les citoyens. Le second modèle est non écrit, transmis de génération en génération par des pratiques éducatives et justifié par « la coutume » ; ce Droit traditionnel trouve son support dans les us et pratiques. Ce modèle a deux particularités : le Droit traditionnel est spécifique à un groupe ethnique ou tribal déterminé et est variable dans son application suivant le statut de ses membres.

C'est ce qui fait de ce Droit un Droit statutaire, c'est-à-dire se référant à l'âge et au sexe dans la détermination des droits et devoirs des individus. Tandis que l'Etat tente de régir la vie en société dans son ensemble avec une Loi, le corps social s'accroche à sa tradition dont le Droit régule les rapports sociaux. L'importance des normes non officielles va de pair avec la faible capacité de l'Etat centrafricain à produire des règles du jeu acceptées par tous et à les faire respecter. De nombreux espaces sociaux

[48] - Y. Meny (dir.), *Les politiques du mimétisme institutionnel : la greffe et le rejet*, Paris, Editions L'Harmattan, coll. « Logiques politiques », 2000. J. du Bois de Gaudusson , « Le mimétisme postcolonial, et après ?. », *Pouvoirs*2/2009 (n° 129) , p. 45-55.

sont ainsi abandonnés : soit le système de normes officielles est absent, soit il n'a aucune valeur, laissant ainsi la place non à l'anomie mais à d'autres systèmes de normes, de fait plus ou moins concurrents, et toujours informelles au sens habituel de ce terme. La conséquence catastrophique de cette situation est que beaucoup d'acteurs administratifs et judiciaires naviguent entre d'un côté un système de règles officielles non appliquées ou non applicables, mais censées au moins être la référence dans les rapports entre l'administration et les administrés, et, de l'autre côté, des règles de fait, elles-mêmes diverses, à l'usage des relations dans la vie ordinaire. Les normes officielles ou officieuses sont fortement instables, peu cristallisées, peu stabilisées, malléables.

Il en résulte une importante marge de compréhension à tous les niveaux, que ce soit à l'échelle domestique, à l'échelle villageoise ou à l'échelle des rapports avec l'Administration. Par exemple, en milieu rural, le cas de la transmission des biens, à la suite d'un décès d'un chef de famille, est encore déplorable, en dépit même des règles traditionnelles en apparence très strictes qu'un observateur non averti présente volontiers comme incontournables. La gestion des affaires publiques, comme le cadre même de l'action publique, est affecté d'un flou qui nécessite des ajustements permanents de la part des acteurs. Dans le Droit centrafricain coexistent Droit traditionnel et Droit moderne (Chapitre 1) dont les modalités de mise en œuvre dépendent de la réalité sociologique (Chapitre 2).

Chapitre 1

La coexistence des normes traditionnelles et formelles

La RCA est un « Etat de droit », comme l'affirme la formule consacrée par la Constitution. Mais, les normes juridiques qui régissent la société centrafricaine ne sont pas univoques. Elles sont la résultante d'une imprécision influencée à la fois par le Droit français et les pratiques locales dont les règles qui en sont issues sont juridiquement qualifiées de « coutume » ou « usage ». Malgré la puissance du Droit d'origine coloniale, le Droit coutumier n'a pas totalement disparu. Il a même été toléré car les coutumes ou usages, notamment *contra legem* ou *praeter legem*, pour désigner des normes de comportement, sont majoritairement suivies par la population. Ainsi, ce Droit coutumier, encore appelé Droit traditionnel, correspond à la phase existentielle *ante* coloniale ; lequel a constitué un vase communicant entre les normes coutumières. Ce Droit, non écrit, était un gage de la pacification sociale, de la sécurité commerciale et de la succession.

Par contre, le Droit contemporain a commencé avec la colonisation faisant « table rase » des normes coutumières. Dans le cas de la RCA, la tendance réductionniste de ses valeurs ramène ce Droit aux normes françaises. En réalité, deux influences s'exercent. La première est chrétienne inspirée du Droit canon et des règles bibliques ; la deuxième est le Droit positif français qui est venu laïciser ses valeurs, avec la séparation de l'Eglise et de l'Etat affirmée à partir de 1905 qui a conféré une autonomie à chaque valeur. Mais la période *post* coloniale a laissé subsister la toute puissance des normes importées au détriment du Droit traditionnel. Si le modernisme juridique confère la supériorité du Droit écrit sur le Droit traditionnel, l'identification de ce dernier est importante dans l'espace juridique centrafricain. De nombreux juristes se sont depuis longtemps intéressés aux processus de production normative et à la mise en adéquation de la norme à la société, ainsi qu'à son rôle et son objectif. Ils ont ainsi élaboré des théories de justification de l'origine de la norme qui font appel à une norme « transcendantale »[49] ou « naturelle »[50]. Les juristes de Droit civil sont plus familiarisés que leurs homologues de Droit public avec le pluralisme juridique dont J. Carbonnier qui a écrit sur les phénomènes d'inter-normativité[51].

Plus que partout ailleurs, il appartient au législateur centrafricain de mettre en avant ce qu'on pourrait appeler « la fonction structurante du Droit » par opposition à sa « fonction normative ». Cette dernière postule, par exemple, que la loi est une norme d'origine extérieure à l'Homme, de nature purement éthique, voire religieuse. Or, en ce qui concerne la fonction structurante, la loi est une règle que les Hommes décrètent parce que leur communauté sociale l'a secrétée. En RCA, la survivance du Droit coutumier (Section 1) a rendu impuissant le Droit étatique face à la violence généralisée (Section 2).

49 - H. Kelsen, *Théorie générale du droit et de l'État suivi de La doctrine du droit naturel et le positivisme juridique*, Paris, Editions LGDJ, coll. « La pensée juridique », 1997.

50 - L. Charrette, « Droit naturel et droit positif chez saint Thomas d'Aquin » *in Philosophiques*, vol. 8, n° 1, 1981, p. 113-130.

51 - J. Carbonnier, « Les phénomènes d'inter-normativité », *in* J. Carbonnier, *Essais sur les lois*. Paris, Répertoire du notariat Defrénois, 1979, p.251-270.

Section 1. La survivance du phénomène coutumier

Le système juridique d'un Etat moderne est organisé autour de la codification des normes qui régissent la vie en société[52]. La codification désigne *stricto sensu* l'opération de transformation du Droit coutumier en Droit écrit sans que le premier n'ait à disparaître. Elle n'est pas une simple opération technique mais répond à une exigence de fait. Cette technique est un cadre dans lequel la politique législative s'articule[53]. Un Code établi devrait l'emporter sur la tradition, remplacer l'ordre juridique ancien et suppléer la coutume[54].

Selon F. Garrisson la coutume se définit comme « l'ensemble des habitudes et usages nés de comportements antérieurs répétés qui guident et façonnent les comportements ultérieurs. La tradition, le conformisme deviennent des modèles d'action, normes de conduite. Au contraire de la loi, la coutume exprime un Droit spontanément et naturellement issu de la base, un Droit pragmatique, populaire, fait de pratiques tenues pour règles. La coutume n'est que la résultante des mœurs d'une société »[55]. Cette définition confond « coutume » et « Droit coutumier ». Si la coutume en RCA requiert l'adhésion forcée de la population locale (Paragraphe 1), son Droit est appliqué, le plus souvent, par des autorités concurrentes à l'Etat (Paragraphe 2).

---

[52] - S. Lamouroux, « La codification ou la démocratisation du droit » *in Revue française de droit constitutionnel* 4/2001 (n° 48), p. 801-824.

[53] - P. Albertini, « La codification et le Parlement » *in AJDA*, 1997, p. 662.

[54] - V. » Kangulumba Mbambi, « Les droits originellement africains dans les récents mouvements de codification : le cas des pays d'Afrique francophone subsaharienne » *in Les Cahiers de droit*, vol. 46, n°1-2, 2005, p. 315-338.

[55] - F. Garrisson, *Histoire du Droit et des Institutions*, Paris, Editions, Montchréstien, T.1, p. 40.

Paragraphe 1. L'adhésion forcée à la coutume

On dit que la coutume est un *diuturnus usus*[56], le temps joue un rôle très important dans sa constitution. La coutume est alors un problème de temporalité par laquelle son caractère répétitif finit par constituer une norme. Il y a *opinio necessitatis* chez celui qui invoque la coutume car la majorité d'un groupe qui adhère à la coutume fait cause commune[57]. En RCA, le problème de la majorité d'adhésion à la coutume ne se pose pas. L'individu appartenant à une ethnie doit seulement l'avoir acceptée en tant que telle (A). De ce fait, par sa nature orale et son mode de pratique à répétition, la coutume, transmise de génération en génération, se transforme en un Droit non formulé (B).

A. La coutume par ethnie

La RCA est un Etat unitaire dont le territoire est divisé en régions, subdivisées en villes entourées de villages. Tous les habitants de la RCA sont soumis à un seul pouvoir qui siège à Bangui, la capitale qui dispose des attributions normatives. Formellement tous les citoyens résidant sur le territoire de la RCA sont soumis à un seul Droit établi par les pouvoirs constitués de l'Etat[58]. L'Etat centrafricain apparaît ainsi comme une structure juridique compacte où tout s'articule en se fondant sur le principe d'unité. Le pouvoir au sein de la sphère étatique procède d'un centre d'impulsion unique. L'Etat est en quelque sorte le « maître des lieux » sur le territoire national et sur

---

[56] - Usage prolongé

[57] - J. Gérard Cohen, « La coutume locale » *in Annuaire français de droit international*, 1961, volume 7, numéro 1, p.119-140.

[58] - F. Hamon, M. Troper et G. Burdeau ont défini l'Etat - unitaire comme celui dans lequel les normes locales ne peuvent être créées qu'en application de normes nationales préalables. Pour plus de détails, voir, F. Hamon, M. Troper, et G. Burdeau, Droit Constitutionnel, Paris, 27ème édition, L.G.D.J, 2001, p.77.

sa population[59]. Il transmet sa volonté uniformément sur tout son territoire et sa population qui est soumise à un même et unique pouvoir.

En dépit de ces divisions territoriales effectuées par l'Etat pour répondre à des exigences politiques et administratives en vue de satisfaire aux mécanismes de la déconcentration administrative et de la décentralisation politique, la population centrafricaine se définit d'abord par son appartenance sociale à une région, à une ville et plus encore à un village. La conciliation de l'individuel et du collectif se fait au bénéfice du communautarisme[60]. Le sentiment d'appartenance, qui s'exprime par le « vouloir-vivre-en-commun », s'enracine dans une histoire et des souvenirs partagés. Le passé, les luttes communes, la manière de vivre et de réagir de la même façon, voire le comportement culturel, sont autant d'éléments de l'appartenance à une communauté. Ceci fait que la population centrafricaine dépend davantage de l'hétérogénéité que le pouvoir est appelé à fusionner dans une communauté nationale unique. C'est ainsi que chaque ethnie a un mode de vie que les ascendants ont transmis de génération en génération. C'est pour dire qu'on ne saurait discourir sur la coutume en RCA sans faire référence aux ethnies.

Ainsi, chaque ethnie crée sa propre coutume et pratique certains usages qui lui sont propres en suivant ses traditions. Ce qui veut dire que, d'une région à une autre, d'un village à un autre, les ethnies n'ont pas les mêmes coutumes. Comme l'affirme Y. Verdier, « Les termes mêmes de tradition, de coutume servent de référence et assoient ce qui se fait comme manifestation propre à la

---

[59] - C. Bouquet, « L'Etat en Afrique. Géographie politique de la maîtrise des territoires », *L'Espace Politique* [En ligne], 7 | 2009-1, mis en ligne le 20 août 2009, consulté le 10 juin 2016. URL : http://espacepolitique.revues.org/1224

[60] - D. Darbon, « Crise du territoire étatique et communautarisme : les nouveaux enjeux idéologiques de l'intégration en Afrique noire » *in Régionalisation, mondialisation et fragmentation en Afrique subsaharienne,* Karthala, 1998, p. 61-75.

collectivité et sanctionnée par elle. La coutume n'est jamais expliquée, mais agie – elle est une pratique –, et elle ne renvoie qu'à elle-même, explication première de l'acte »[61]. La coutume par ethnie touche, en général, à la vie courante, aux évènements tels que la naissance, le mariage, le décès, aux personnages importants et aux comportements. Des ressemblances plus ou moins marquées existent entre certaines pratiques coutumières qui peuvent être regroupés dans des catégories plus larges correspondant à des aires culturelles comme celle des agriculteurs de la forêt, des paysans de la savane et des pasteurs sédentaires[62].

En ce qui concerne la vie courante la coutume des ethnies de la RCA est fondée sur la conception animiste et la croyance religieuse[63]. La pratique coutumière est entourée d'interdits qui font de la coutume une réalité inviolable et marquent de manière profonde les relations que l'homme établit avec la nature, avec sa communauté et avec le monde invisible. Les relations avec la nature se caractérisent par la crainte que l'homme a des forces naturelles telles que la foudre, le fleuve, les animaux ou les arbres sacrés divinisés ou protecteurs d'une ethnie. Cette crainte rend l'homme impuissant devant la nature et fait qu'il vit en harmonie avec celle-ci.

Les relations avec la communauté humaine se révèlent dans les pratiques rituelles dont le but principal est d'insérer et d'intégrer l'individu dans la société[64]. Elles impliquent donc des devoirs vis-à-vis des autres et développent le sens du respect envers les anciens, l'esprit

---

[61] - Y. Verdier, *Façons de dire, Façons de faire. La laveuse, la couturière, la cuisinière*, Paris, Editions Gallimard, 1979, p. 81-82.

[62] - P. Kuruk, « *Droit coutumier africain et la protection du folklore* », vol. XXXVI, n°2, 2002, p. 1-70.

[63] - Les principaux modes de transmissions de la coutume sont les contes, les devinettes, les légendes, les proverbes et les rites d'initiations. Pour plus de détails voir, A.S. Mungala, « L'éducation traditionnelle en Afrique et ses valeurs fondamentales » *in Ethiopiques, Revue socialiste de culture négro-africaine*, n°29, février 1982.

[64] - H. Levy- Bruhl, « Introduction à l'étude du droit africain », Paris, *RIDC* 1956, p.67.

d'entraide, le sens des responsabilités et de l'hospitalité, et elles préparent l'individu à la vie en établissant un ordre social dans la conduite à la fois collective et individuelle. Les relations avec le monde invisible se caractérisent par des échanges entre les vivants et les morts qui jouent un rôle d'intermédiaire entre les divinités et les hommes. Ainsi, la famille n'est pas composée uniquement des vivants, elle s'étend jusqu'aux morts et aux invisibles. L'idée de parenté trouve ainsi son fondement dans le « sacré » et la religion selon lesquels les parents ont un ancêtre mythique commun se confondant ou non avec un totem[65].

La vie courante dans les ethnies est donc caractérisée par deux sortes de pratiques coutumières. D'une part, la coutume liée à la vie quotidienne est un acquis historique dans la mesure où les pratiques qui se répètent dans le temps se sont construites à travers l'histoire de l'ethnie et dont la validité s'est toujours confirmée au-delà des changements sociaux[66]. Ce sont alors des pratiques perpétuées de façon répétitive et enracinées dans la conscience ethnique. Leur abandon, leur négligence et leur non-respect constituent un « péché par omission » susceptible d'éveiller le courroux des anciens tant vivants que morts. D'autre part, la coutume attachée à la vie courante est conjoncturelle, dans la mesure où ses valeurs sont consacrées par l'expérience historique. Les pratiques reposent sur des données historiques immédiates. Il suffit qu'on change de contexte social pour voir ces pratiques perdre toute leur validité et toute leur signification. C'est pourquoi l'école, l'exode rural et le voyage détachent l'individu de son attachement à sa coutume ethnique. Par ailleurs, la vie quotidienne en RCA est contrastée : l'exemple le plus évident étant la différence entre la vie

---

65 - C. Anta Diop, *Civilisation ou barbarie*, Paris, Présence africaine, 1981, p.149.

66 - E. R. Mbaya, « Le passé et l'avenir et l'avenir des droits africains », Rabat, RJPEM, n°24 (Spécial), 1990, p.13-27.

citadine et le monde rural. En effet, la vie quotidienne des ruraux repose sur la coutume puisqu'ils sont quasiment oubliés par les autorités administratives de l'Etat. Le plus important dans les villages est de prendre soin de la famille qui est vécu comme un havre de paix. Par contre, les résidents urbains vivent dans la « richesse » impliqués dans les activités administratives où l'Etat cherche au jour le jour à appliquer la Loi. Le constat est que plus le territoire de l'Etat se modernise, plus la croyance en la coutume s'étiole et perd de sa validité.

B. Un prétendu droit coutumier

Rien ne fait tant l'objet de recherche que le Droit coutumier dans le fonctionnement du système juridique, de sa place dans le système des sources du Droit. A cet égard, on a vu s'exprimer une multitude d'opinions, de jugements et de conceptions qui ont fini par admettre que la coutume est une source du Droit[67]. Les juristes sont unanimes pour nommer « source du droit » tout ce qui contribue à créer l'ensemble des règles juridiques applicables « dans un Etat donné » à « un moment donné »[68]. Dans les pays de Droit écrit[69], les principales sources du Droit sont des textes tels que les traités internationaux, la Constitution, les Lois organiques, les lois ordinaires, les règlements. A cela s'ajoutent la coutume et les principes généraux du droit consacrés par

---

[67] - Ilia ch. Axionov et Larissa Svetchnikova, « La théorie du droit coutumier dans la recherche : ethnologie, théorie du droit et histoire du droit » *in Droit et cultures* [En ligne], 50 | 2005-2, mis en ligne le 28 mai 2009, consulté le 25 juin 2016. URL : http://droitcultures.revues.org/1060

[68] - J. Dabin, « DROIT - Théorie et philosophie », *Encyclopædia Universalis* [en ligne], consulté le 29 juin 2016. URL : http://www.universalis.fr/encyclopedie/droit-theorie-et-philosophie/

[69] - A. Rouhette, « COUTUMIER DROIT », *Encyclopædia Universalis* [en ligne], consulté le 29 juin 2016. URL : http://www.universalis.fr/encyclopedie/droit-coutumier/

un juge[70]. De plus, le Droit même suppose l'existence d'un Etat au sein duquel il agit conformément à l'adage bien connu des juristes qui puisent leur raisonnement de la tradition romaine : *ubi societas, ubi jus*. C'est dans cette sphère du Droit que le Droit coutumier doit avoir sa place en quittant sa structure ethnique pour se hisser au rang de la société régie par l'Etat[71]. Un colloque qui s'est tenu en 1999 a relevé que, pour exister, le Droit en tant que règle ne doit pas forcément être exprimé par écrit[72]. Autrement dit, l'existence d'un Droit écrit ne rime pas avec la fixité des règles dans un écrit, un recueil ou un Code. Il existe donc bel et bien des règles de Droit en dehors du Code[73].

En RCA, la vie quotidienne dans la société se caractérise par l'extrême diversité des coutumes, conséquence naturelle de la multiplicité des groupes ethniques qui y résident[74]. Cette diversité culturelle complique l'existence d'un « Droit coutumier national ». Normalement le Droit coutumier, qui se noue à travers les idées, les mœurs, les connaissances, les pratiques, les habitudes et les attitudes transmises de génération en génération, revêt à la fois un caractère normatif et fonctionnel. La normativité se fonde essentiellement sur le consentement collectif et l'adhésion individuelle[75]. Le

---

[70] - J.-F. Perrin, *Introduction à la sociologie empirique du droit*, Travaux CETEL, n° 29, Genève, été 1987, p. 4 et suivantes.

[71] - V. Kangulumba Mbambi, « Les droits originellement africains dans les récents mouvements de codification : le cas des pays d'Afrique francophone subsaharienne » *in Les Cahiers de droit*, vol. 46, n°1-2, 2005, p. 315-338.

[72] - G. Cornu, « Canevas des réflexions introductives. L'accessibilité du langage du droit en théorie et en pratique (Entendre le langage de ce droit que nul n'est censé ignorer)», *in Le langage du droit: accessible à tous?,* Actes du Colloque du 27 novembre 1999, Bruxelles, R.DJ.A. Asbl, KU Brussel, 1999, p. 5-15.

[73] - V. Kangulumba Mbambi, « L'écriture de l'oralité: sémiotique et métalangage comme supports expressifs du droit traditionnel africain», dans *Le langage du droit: accessible à tous ?* Actes du Colloque du 27 novembre 1999, Bruxelles, R.DJ.A. Asbl, KU Brussel, 1999, p. 69-90.

[74] - J.-P. Chrétien & G.Prunier, *Les ethnies ont une histoire*, Karthala, Paris, 2003,

[75] - « Dans l'ethnologie classique on entend par droit coutumier les normes de comportement de la société primitive sans classes et, par coutume, les règles de conduite qui s'y sont établies », Ilia ch. Axionov et Larissa Svetchnikova, « La théorie du droit coutumier dans la recherche : ethnologie, théorie du droit et histoire du droit » :

Droit coutumier fait de la coutume une sorte de « convention collective » acceptée par la majorité de la population. Il constitue donc un cadre de référence qui permet à une population donnée de se définir.

Quant à la fonctionnalité du Droit coutumier, elle se révèle dans son dynamisme et dans sa capacité d'intégrer les pratiques susceptibles de consolider les relations sociales[76]. C'est pourquoi, le Droit coutumier peut être mouvant tout en faisant partie de la vie quotidienne qui ne se confond pas avec le passé et ne s'oppose pas non plus au modernisme. Le Droit coutumier est la résultante de l'histoire[77] ; c'est à la Loi de l'ajuster afin de corriger les excès et les égarements.

Mais l'Etat centrafricain ne se soucie pas d'intervenir dans le Droit coutumier. Plus étonnant est que l'Administration étatique ne contrôle pas du tout les différents Droits coutumiers et n'y trouve rien à dire. C'est pourquoi, par exemple, en matière d'évènement tel que le mariage, coexistent une union monogamique et une union polygamique, puisque le Code de la famille[78] consacre la polygamie, une célébration religieuse et une dot. Il s'agit donc d'une concurrence au sein de l'ordre national où Droit positif, Droit moral, Droit religieux et Droit coutumier s'entremêlent. Les crises multiformes qui obèrent le fonctionnement de l'Etat centrafricain et le dysfonctionnement du système juridique empêchent ce dernier de procéder à une production uniforme du Droit.

---

op.cit.

76 - Le fonctionnalisme a été initié par Bronislaw Malinowski. Ce courant veut apposer à chaque fait social une ou des fonctions qui déterminent. Autrement dit, chaque élément de la culture possède une certaine tâche à accomplir ; une fonction, qui présente une part irremplaçable de la totalité organique. – cf. Malinowski Bronislaw, *Crime et coutume dans la Société Primitive*, 1926.

77 - J.-F. Mattéi et J. Poirier, « Conceptualisation des sociétés traditionnelles » *in* A. Jacob, Encyclopédie philosophique universelle, I, L'Univers philosophique, *Les Notions philosophiques*, Paris, PUF, 1992, p. 789-971.

78 - Voir Article 230 de la Loi n° 97.013 qui instaure le code de la famille de la République Centrafricaine.

L'Etat est beaucoup plus préoccupé par l'insécurité qui perturbe la vie quotidienne, avec pour résultat une accentuation du pluralisme juridique par lequel le Droit positif est concurrencé par le Droit coutumier, moral et religieux.

Le Droit coutumier en RCA peut-il alors produire un Droit susceptible de s'imposer sur le plan national ?

En l'espèce, la coutume n'acquiert un caractère juridique que si elle reçoit une protection de la part de l'Etat. A cet effet, l'école historique du Droit relie la pratique de la coutume aux exigences de la vie nationale[79]. Pour constituer un Droit coutumier, la coutume doit revêtir un « caractère obligatoire », une « signification religieuse », un « caractère ethnique et conservateur »[80]. Aussi, la coutume s'adapte facilement à la vie réelle, et la loi intervient pour la fixer et la rendre stable.

Ainsi, il appert en RCA de commencer par procéder à une étude ethnographique visant à recenser l'ensemble du Droit coutumier en l'adaptant et en l'utilisant par l'adoption législative[81]. C'est à travers l'étude des normes régissant les relations civiles que le législateur pourra combiner normes de Droit coutumier et normes étatiques. La norme dont le contenu est élaboré par les forces étatiques va devoir recevoir un caractère juridique contraignant parce que les autorités constituées de l'Etat lui attribuent une sanction[82]. En fin de compte, c'est

---

[79] - O. Jouanjan, *L'esprit de l'école historique du droit*, Strasbourg, Presses universitaires de Strasbourg, coll. « Université Robert Schuman / Annales de la faculté de droit de Strasbourg », 2004.

[80] - Ilia ch. Axionov et Larissa Svetchnikova, « La théorie du droit coutumier dans la recherche : ethnologie, théorie du droit et histoire du droit » : op.cit.

[81] - Sur l'ethnologie, voir S. Camelin et S. Houdart, *L'ethnologie*, Paris, Presses universitaires de France, coll. « Que sais-je ? », 2010 ou R. Creswell, « L'ethnologie » *in* A. Jacob, *Encyclopédie philosophique universelle*, I, L'Univers philosophique, Paris, PUF, 1992, p. 1310-1316.

[82] - C'est dire, en d'autres termes, que le fondement de la force obligatoire d'une coutume réside dans l'autorité du pouvoir. Pour plus de détails, voir G. Cornu et Association H. Capitant (dir.), *Vocabulaire juridique*, Paris, 7ème édition Presses universitaires de France, coll. « Quadridge », 2005, « Règle », p.774.

l'individu qui doit connaître ses droits et ses obligations qu'il tire soit du Droit coutumier, soit du Droit législatif. Or, les autorités ne tranchent jamais la culture de l'oralité et la tradition du Droit écrit, ce qui témoigne de la rivalité qui oppose les individus et les pseudos chefs.

Paragraphe 2. Les autorités concurrentes

Il est de tradition inspirée du « Contrat social » que les individus abandonnent leur « souveraineté individuelle » aux mains des gouvernants qui s'engagent de leur côté à veiller sur leur sécurité[83] et à assurer l'utilité commune. Ce sont donc les autorités de l'Etat qui préservent cet abandon et justifient l'unité de l'attachement des gouvernés aux gouvernants. Mais, ce qui dissout l'Etat en RCA, c'est la discussion du pouvoir : d'un côté, la nature traditionnelle de certains droits et obligations fait perdurer la culture de chefferie (A) ; de l'autre, la façon de disputer le pouvoir se fait de manière violente avec des chefs de guerre qui asservissent les populations (B).

A. Les chefs de terre

La reviviscence de la chefferie est aujourd'hui à l'ordre du jour en RCA où deux catégories d'autorités coexistent. Tandis que le Droit écrit appliqué par les autorités institutionnelles est incarné par l'Etat moderne, l'oralité est symbolisée par les chefs traditionnels. Mais,

---

[83] - « Il est manifeste que tant que les hommes vivent sans une puissance commune qui les maintient tous en crainte, ils sont dans cette condition que l'on appelle guerre et qui est la guerre de chacun contre chacun. La guerre GUERRE ne consiste pas seulement dans la bataille ou dans le fait d'en venir aux mains, mais elle existe tout le temps que la volonté de se battre est suffisamment avérée; car de même que la nature du mauvais temps ne réside pas seulement dans une ou deux averses mais dans une tendance à la pluie pendant plusieurs jours consécutifs, de même la nature de la guerre ne consiste pas seulement dans le fait actuel de se battre, mais dans une disposition reconnue à se battre pendant tout le temps qu'il n'y a pas assurance du contraire. Tout autre temps que la guerre est la PAIX ». Voir Thomas Hobbes, *Le Léviathan*, I, XIII.

qui sont donc ces chefs traditionnels ? Si la question semble simple, il n'est pas aisé d'y répondre. Il est nécessaire de distinguer différentes périodes. Avant l'Oubangui-Chari[84], c'est-à-dire la période correspondant à l'époque avant l'arrivée des premiers Européens en terre centrafricaine, le titre de « chef coutumier » était une expression utilisée pour désigner pratiquement tous les dirigeants, aussi bien sultans que chefs de lignage des ethnies[85]. Le chef coutumier était doté d'une mission de service public comme n'importe quel dirigeant au monde.

Les petites sociétés traditionnelles centrafricaines de l'époque précoloniale se présentaient sous la forme de groupements hiérarchisés mais non discriminatoire, car les droits et les obligations de l'individu étaient déterminés en fonction de sa place dans la société et par rapport à la société à laquelle il appartient. A la tête de ces chefferies on retrouve généralement un chef entouré de notables. Dans certaines zones géographiques d'antan, la façon d'accéder au pouvoir se faisait, tantôt de façon démocratique, tantôt de manière autocratique. Les sociétés traditionnelles centrafricaines avaient une vision assez différente du monde des libéraux. Pour elles, l'individu se trouve à cheval entre le monde des vivants et celui de l'au-delà, et il existe des interactions entre ces deux mondes à travers la croyance à l'esprit des ancêtres qui demeure parmi les vivants. Cette cosmogonie a un impact sur la formation du Droit qui est considéré comme l'émanation de la volonté ancestrale. De ce fait, les membres du groupe social ne jouent qu'un rôle de second plan dans la formation du Droit. La table rase effectuée par la colonisation a mis en berne cette organisation traditionnelle considérée comme archaïque et obsolète. Mais, du fait de l'exploitation des terres et des récoltes, les

---

[84] - Supra, voir introduction p. 1

[85] - E. A. B. Van Rouveroy Va, Nieuwaal, « Chef coutumier : un métier difficile » *in Politique africaine*, p.19-20.

autorités d'occupation ont ressenti le besoin de mettre en place une administration locale hiérarchisée en plus du système juridique apporté et basé sur le modèle français. Cet organigramme local était composé des chefs de village, des chefs de canton et parfois même d'un chef supérieur, tous soumis à l'autorité coloniale en la personne du chef de circonscription. Le chef coutumier, même s'il n'était qu'un simple instrument dénué de tout statut juridique, était l'interlocuteur privilégié entre l'autorité d'occupation et la population locale. Quand aux leaders anticoloniaux, ils s'accommodaient de l'institution des chefs coutumiers afin de pouvoir compter sur leur soutien en vue de remporter la lutte pour l'Indépendance.

Au moment de l'Indépendance, le Gouvernement nouvellement installé était encore sous l'influence des principes administratifs français fondés sur le centralisme et l'unicité, à tel point que théoriquement le chef coutumier n'y avait pas sa place. Mais, comme l'administration coloniale avait réservé dans son organisation une place à la chefferie traditionnelle, le jeune Gouvernement indépendant s'y était opposé, considérant les chefs coutumiers comme des conservateurs qui sont hostiles à l'ère nouvelle. C'est pourquoi la tentation de reconnaître symboliquement le statut de chef coutumier aux traditionnalistes a permis de maintenir en l'état cette organisation traditionnelle.

C'est pourquoi aussi, la position juridique et administrative du chef coutumier n'est actuellement pas clairement définie[86]. Le système juridique, emprunté par la législation centrafricaine au Droit français, n'a pas su mettre fin à l'existence des chefs coutumiers. Ceux-ci subsistent, se réservent même certaines prérogatives et cohabitent avec les autorités publiques grâce à un *modus*

---

[86] - C.-H. Perrot, « Les autorités traditionnelles et l'État moderne en Afrique Subsaharienne au début du XXIE Siècle » *in Cadernos de Estudos Africanos*, 16/17 | 2009, 15-33.

vivendi qui n'est prévu par aucune disposition législative. Les relations entre les chefs traditionnels et les autorités de l'Etat moderne sont donc marquées par une réciprocité ; chacune des deux autorités cherchent le moyen d'accéder au terrain occupé par l'autre.

Les autorités politiques modernes cherchent à atteindre les communautés locales en s'adressant à leurs chefs pour faire passer leurs messages et leurs « directives », notamment en empruntant d'autres canaux que ceux par lesquels elles touchent les citadins. Vis-à-vis de la communauté locale où le chef est à la fois respectable et respecté, les autorités modernes se montrent en quête de légitimité. On constate peu d'engouement à faire disparaître les institutions traditionnelles en lieu et place des institutions modernes. On se demande même si ce ne sont pas les politiques qui font perdurer à dessein la chefferie traditionnelle afin de manipuler les chefs dans le jeu politique car les chefs traditionnels étant influents, il suffit de recevoir leur soutien pour remporter les élections. Cette pratique fausse évidemment le jeu de l'élection démocratique et complique l'apprentissage de la culture démocratique.

Au-delà même de la « cohabitation » entre ces deux autorités, traditionnelle et moderne, se pose le problème d'un « processus d'incorporation réciproque » tel que dégagé dans le livre collectif issu d'un colloque *Le retour des rois : les autorités traditionnelles et l'Etat en Afrique contemporaine*[87]. Il apparaît donc de déterminer le degré de collaboration entre ces deux autorités, mais, avant cela, le rôle et le statut des chefs traditionnels méritent une réflexion minutieuse et approfondie.

La chefferie en RCA fait perdurer l'image de la royauté où l'hérédité était le mode normal de dévolution

---

[87] - C.-H.Perrot, A. Fauvelle, François-Xavier (dir.), *Le retour des rois. Les autorités traditionnelles et l'Etat en Afrique contemporaine*. Paris, Editions Karthala, 2003.

du pouvoir. En pratique, le chef s'emploie, lorsqu'il en a la capacité et le dynamisme, à occuper l'espace non défini par l'Etat moderne. C'est pourquoi, le chef coutumier est souvent considéré comme un « chef de terre » tenu à des fonctions sociales et morales dans la société.

En ce qui concerne les fonctions sociales du chef de terre, tous les demandeurs de terrain à construire s'adressent à lui et il leur désigne un emplacement moyennant un droit de désignation[88]. Si ce système est néfaste à l'échelle des villes parce que le lotissement des terrains à construire est contrôlé par le service des domaines publics de l'Administration, le rôle de chef de terre est beaucoup plus bénéfique au niveau des zones rurales non contrôlées par les autorités étatiques.

Quant à ses fonctions morales, le chef de terre, conservateur du Droit coutumier et de l'Administration traditionnelle, incarne les valeurs les plus estimées de l'héritage culturel. Il apporte son soutien au respect du Droit coutumier puisqu'il est lui-même l'archive vivante de ce Droit à travers les évènements dont il a été le témoin oculaire, et règle les litiges suivant les principes du Droit coutumier. L'Etat centrafricain est actuellement victime de la juxtaposition du fonctionnement des systèmes moderne et traditionnel. Normalement, la nomination du chef de terre s'effectue suivant les règles coutumières, du moins dans la mesure où elles existent, et s'accompagne d'un droit à rémunération de la part du Gouvernement de l'Etat moderne puisque les chefs de terre sont gérés spécialement par le Ministère de l'Intérieur. L'unité administrative la plus importante est la Préfecture subdivisée en cantons qui se composent, à leur tour, de différents villages, sous l'administration d'un chef-lieu organisé en quartiers. Le Préfet représente ainsi l'autorité

---

[88] - E. Le Bris, E. Le Roy, P. Mathieu, *L'appropriation de la terre en Afrique noire. Manuel d'analyse, de décision et de gestions foncières*, Paris Editions Kartala, 1991, p.146.

administrative qui dirige tous les chefs de terre dans sa Préfecture. Ceci fait que le Gouvernement n'hésite pas à favoriser ses propres candidats tant lors la désignation pour une élection que par la nomination.

En apparence l'Etat centrafricain fonctionne sur les principes qui fondent un Etat moderne, mais, en pratique, c'est la culture de la société traditionnelle axée sur le culte de chef qui est la survivance de la chefferie traditionnelle. Le Droit des chefs de terre pourrait être considéré comme un Droit public reconnu par l'Administration, ce qui pourrait aider la justice à régler les litiges portant sur le Droit foncier ; pour autant la survivance des chefs traditionnels ne règlera pas la spéculation sur les Droits ancestraux. Il faut bien admettre que les chefs traditionnels sont beaucoup plus impliqués dans les affaires administratives qu'ils ne l'étaient à l'époque de la colonisation, lorsque le Gouvernement colonial avait tendance à les repousser.

Faire disparaître la chefferie traditionnelle en RCA passe par la mise en place des institutions de la démocratie locale comme l'élection des maires, ou une politique avancée de décentralisation, sinon les chefs de guerre vont continuer à se substituer aux chefs de terre, comme on l'observe couramment.

B. Les chefs rebelles

La démocratie pluraliste, dont le système permet à l'ensemble des citoyens d'exercer le pouvoir, ne s'est pas implantée par enchantement. Le chemin pour en arriver là a été une lutte sanglante au sacrifice de nombreuses vies. Là où il y a une société politique, les Hommes se déchirent pour la conquête et l'exercice du pouvoir. Le chemin entrepris pour prendre le pouvoir est ponctué de « maniement de l'épée », de « bruit de bottes », de « fureur », de « violence » et de « vengeance meurtrière » car, « tous ceux qui prennent le glaive périront par le glaive »[89]. Le cycle est connu de tous : la conquête et l'exercice du pouvoir engendrent la domination des plus forts et la révolte des dominés[90].

En RCA, la violence politique est toujours d'actualité, pratiquée avec des armes à feu connues sous l'appellation de « AK-47 » pour parler de « kalachnikov », sorte d'arme légère facile à porter et de petit calibre[91]. La violence meurtrière facilitée par l'utilisation illégale et abusive de ces armes est la cause d'exécutions sommaires, de viol, de pillage, de destruction et de séquestration au nom de la conquête et ou de l'exercice du pouvoir.

Quand un Etat adopte, dans sa Constitution, la démocratie comme source de la souveraineté, on devrait s'attendre à ce que ce principe soit respecté aussi bien par les gouvernants que par les gouvernés. Ce principe est également fondé sur la reconnaissance de l'opposition, car, en démocratie il n'est pas indispensable qu'il y ait unité, consensus ou unanimité. L'important est que l'esprit critique ait sa place dans les débats et que la tolérance gouverne les relations entre ceux qui exercent le pouvoir et ceux qui cherchent à le conquérir. Cette leçon est loin d'être apprise en RCA car l'opposition est beaucoup plus armée que politique[92].

En effet, depuis 1996 le monde se trouve témoin d'une crise grave qui secoue la RCA, livrée à elle-même et aux

---

[89] - L'Ecole biblique de Jérusalem, *La Bible de Jérusalem*, Les Editions du Cerf, 1998, Voir l'Evangile selon Saint Matthieu, 26.52, p.1693.

[90] - C. Salles, « La longue marche vers la démocratie » *in Le Point*, Hors-série, *Complots et coup d'Etat. Prendre ou perdre le pouvoir au cours des siècles*, juillet-août 2016, p.20.

[91] - Le Groupe de Recherche et d'Information sur la Paix et la Sécurité (GRIP) a coécrit avec le Small Arms Survey un rapport d'évaluation des capacités en matière de lutte contre la prolifération des armes légères en République centrafricaine. Pour plus de détail, voir, C. Poitevin (dir.), *Evaluation des capacités en matière de lutte contre la prolifération des armes légères en République centrafricaine*, Rapport, septembre à décembre 2014.

[92] - J. Binoua, *Centrafrique : l'instabilité permanente*, Paris, Editions L'Harmattan, coll. « Etudes africaines », 2005.

mains des pillards ; certains observateurs ont pu évoquer « La solitude et le chaos »[93]. L'indifférence des autres Etats, la non-assistance à pays en péril de la part de la communauté internationale ont fait que la RCA s'est enfoncée, année après année, dans une insécurité quotidienne et une extrême souffrance de sa population. La crise n'a fait que s'empirer depuis la rébellion du 10 décembre 2012, avec, trois mois plus tard, le 24 mars 2013, la chute du Président François Bozizé, plongeant la RCA dans le chaos. A croire que la RCA n'existe plus et que les Centrafricains ne connaîtront plus rien d'autre, au quotidien, que le bruit des bottes, le crépitement sinistre et incessant des armes A-K47, les roquettes déchirant la nuit, les enfants-soldats drogués, armés et livrés à eux-mêmes, des jeunes filles et des femmes violées, des hommes égorgés[94].

Mais qui agresse et opprime les habitants de la RCA ?

Des chefs rebelles !

Le Nord, le Nord-Est et le Nord-Ouest de la RCA constituent une tanière qui a toujours abrité des bases de rébellion[95]. C'est d'ailleurs dans cette région septentrionale du pays que François Bozizé a pris les armes pour renverser le pouvoir de Bangui le 15 mars 2003. Après les élections de mai 2005 et sa victoire, des mouvements armés se sont créés dans cette région. Il s'agit le plus souvent d'une des parties de l'armée en désertion et des *ex*-combattants rebelles ou membres de l'armée démobilisés mais non désarmés. Ils croient en leur légitimité car ils protègent la population civile locale

---

[93] - G. Faes et Stefen Smith, « République centrafricaine : la solitude et le chaos » *in Politique internationale*, n°88.

[94] - B. Doui, *Conflits et insécurité alimentaire en Centrafrique : l'impact des conflits militaro-politiques sur la population centrafricaine exposée à l'insécurité alimentaire*, Editions Omniscriptum, 2013. Voir aussi, International Crisis Group, *Centrafrique : les racines de la violence*, Rapport Afrique n°230, 21 septembre 2015.

[95] - A.J.Doui-Wawaye, *Repenser la sécurité en République centrafricaine*, Paris, Editions L'Harmattan, coll. « Etudes africaines », 2014.

contre les agissements criminels des bandits, palliant ainsi l'absence de l'autorité de l'Etat centrafricain dans cette partie du territoire. Au départ, l'action de ces hommes armés rentrait dans le cadre d'une délinquance classique.

La présence de ces groupes armés dans le Nord de la RCA a très vite suscité une vive réaction du pouvoir central de Bangui qui a cherché à éviter la constitution de véritables rebellions. Les attaques vont entraîner une radicalisation des mouvements armés contre le gouvernement[96]. En l'espace de quelques mois, des forces armées non étatiques vont pulluler dans cette région. La rébellion, dominée par l'Armée Populaire pour la Restauration de la République et la Démocratie (APRD), dirigée par l'ancien ministre de la Défense Jean-Jacques Demafouth, associait sept (7) autres mouvements rebelles, à savoir : le Front Uni pour le Changement (FUC) dirigé par Mahamat Nour Abdelkerin, le Front Démocratique du Peuple Centrafricain (FDPC) à sa tête le général Abdoulaye Miskine de son vrai nom Martin Koumtamadji, le Groupe d'Action Patriotique de Libération de Centrafrique (GAPLC) de Michel Djotodia, le Mouvement des Libérateurs Centrafricains pour la Justice (MLCJ) dirigé par Abakar Sabone, le Mouvement Patriotique pour la Restauration de la République Centrafricaine (MPRC), le Front Démocratique Centrafricaine (FDC) dirigé par Justin Hassane, et la Convention des Patriotes pour la Justice et la Paix (CPJP) dont le principal représentant est Abdoulaye Issene, mais le leader du groupe était le disparu Charles Massi.

A la mi-juin 2006, la RCA s'est trouvée face à une seconde rébellion organisée dans la région peu peuplée du Nord-Est, limitrophe du Darfour et de l'Est du Tchad par le Groupe d'Action Patriotique pour la Libération de

---

[96] - Honki De Sassara, *CENTRAFRIQUE La dérive singulière*, Paris, Editions L'Harmattan, 2015.

Centrafrique (GAPLC) dirigé par Michel Djotodia et du Mouvement des Libérateurs Centrafricains pour la Justice (MLCJ) dont le Chef est Abakar Sabone. Ces deux mouvements rebelles, composés de plus de cent cinquante (150) rebelles, vont alors hanter tout le Nord de la RCA, depuis en proie à une incessante insécurité. L'appartenance ethnique dans ces groupes armés a été mise en évidence[97].

Les différentes rébellions se présentent comme des mouvements de contestation des autorités en place. Leurs chefs refusent l'ordre institutionnel établi et, pour justifier leur action, ils mettent en avant la mauvaise répartition des richesses nationales, les disparités ou les inégalités socioéconomiques de l'espace national, dénonçant ainsi une injustice flagrante, insupportable, source de frustrations, à laquelle ils veulent mettre un terme. Ces mouvements armés sont mus par, entre autres, la contestation de la régularité des élections présidentielles et la condamnation de la mauvaise situation économique génératrice de pauvreté. Ils agissent également pour des raisons personnelles comme des arriérés de salaires pour les fonctionnaires.

Ils réclament une redistribution équitable des richesses du pays, une lutte efficace contre la corruption, des mesures pour contrer les discriminations ethniques et l'insécurité dans le Nord du pays. Tout ceci, en principe et au-delà des motivations individuelles des leaders, sert de motifs fondateurs, d'alibi ou de justification sociale, politique, morale et psychologique ou intellectuelle aux différents mouvements de rébellion en RCA[98]. La nouvelle coalition qui a provoqué la chute du régime du Président François Bozizé le 24 mars 2013 est un consortium très

[97] - D. Niewiadowski, « La République centrafricaine : le naufrage d'un Etat, l'agonie d'une Nation » : op.cit.

[98] - Voir, International Crisis Group, *Centrafrique : les racines de la violence*, Rapport Afrique n°230, 21 septembre 2015.

hétérogène de mécontents du régime. Au début du mouvement, les rebelles de la *Séleka* sont en grande majorité originaires du Nord-Est de la RCA, une région géographiquement reculée et historiquement marginalisée où l'Etat est quasiment absent. Le manque de gouvernance dans les régions périphériques de la Vakaga et de la Hotte Kotto a conduit à une insécurité structurelle. Dans ces régions, livrées à elles-mêmes, se mêlent rébellions extérieures, groupes armés centrafricains, trafics et luttes pour le contrôle des zones diamantifères[99]. Loin d'être une nouvelle rébellion, la *Séleka* rassemble des mécontents du régime de François Bozizé autour d'une base combattante formée par les mouvements du Nord-Est[100]. *Séleka*, en *Sango*, veut dire « alliance » ; il s'agit d'une coalition de trois groupes rebelles : la Convention Patriotique pour le Salut wa Kodro (CPSK), la Convention des Patriotes pour la Justice et la Paix (CPJP) et l'Union des Forces Démocratiques pour le Rassemblement (UFDR).

Il n'y a aucune raison de nier l'affaiblissement de l'Etat centrafricain. Face à l'échec du Gouvernement du Président François Bozizé à promouvoir et à garantir le bien-être et le bien-vivre de sa population, l'analyse de la situation permet de comprendre que l'Etat centrafricain connaît déflation, dépérissement, déliquescence, éboulement, évanescence et faillite, crise de l'Etat tout court, le rendant impuissant à remplir ses fonctions les plus élémentaires[101].

Le mouvement armé, allant de mutinerie en rébellions en passant par des coups de force, des putschs manqués et des coups d'Etat, est la pierre d'achoppement de l'édifice juridique en RCA. Quatre années seulement après

---

[99] - cf. International Crisis group, *De dangereuses petites pierres : Les diamants en République centrafricaine*, Rapport, Nairobi/Bruxelles, 16 décembre 2010.

[100] - J. V. Bissakounou, *L'autre version de la crise centrafricaine*, Paris, Editions L'Harmattan, coll. « Point de vue », 2015.

[101] - L. Pascal, *République centrafricaine : douanes et corruption, cause de la déliquescence du pays ?*, Paris, Editions L'Harmattan, 2015.

l'Indépendance, la RCA a savouré la conquête du pouvoir par les armes à un point tel que la violence politique s'est érigée en règle de dévolution du pouvoir. Bon nombre de Centrafricains « voient dans le recours à la violence armée le seul moyen d'améliorer leur sort »[102] : vol à mains armées, braquage, racket, kidnapping, etc. Et, certains imaginent encore parvenir au pouvoir sans être élu. Depuis plus d'un demi-siècle, la RCA éprouve de sérieuses difficultés à se débarrasser de la violence armée. En dépit de la coopération militaire qui lie la France avec la RCA, l'ancienne puissance coloniale ne parvient pas à neutraliser les forces qui nuisent au fonctionnement de la RCA. Plusieurs opérations de rétablissement de l'ordre ont été diligentées par la France sans qu'elles ne parviennent à ramener la paix et la sécurité[103]. De ce fait, la France est accusée des malheurs de la RCA. De même, l'ONU, Organisation internationale dont l'objectif est d'assurer la paix et la sécurité, n'a pas réussi à stabiliser la RCA à travers ses opérations de maintien de la paix[104]. De toutes les réactions condamnant la violence multiforme en RCA tant en France qu'en RCA et au niveau de l'ONU, le mot « impunité » fait écho.

Sur le plan juridique, depuis la Constitution du 14 janvier 1996, la violence politique en RCA a été criminalisée en ces termes : « L'usurpation de la souveraineté par coup d'Etat, rébellion ou mutinerie

---

[102] - P. Gourdin, « République centrafricaine ; géopolitique d'un pays oublié », *La Revue géopolitique*, mars 2013, p.15.

[103] - Le 21 septembre 1979, la France envoya ses « barracudas » en Centrafrique en vue de déposer l'empereur Bokassa ;

- Le 18 avril 1996, suite à la mutinerie des soldats centrafricains et aux émeutes à Bangui, les forces françaises interviennent à travers la mission « Almandin 1 » intervenant en soutien au Gouvernement en place et agissant en tant que négociateurs.

- Le lundi 20 mai 1996, la France déclenche l'opération « Almandin 2 » dans le cadre de l'accord de défense qui la lie à la République centrafricaine. Les objectifs sont doubles, honorer l'accord et garantir la sécurité de ses ressortissants.

[104] - Mission de Surveillance des Accords de Bangui (MISAB).

- Mission des Nations Unies en République centrafricaine (MINURCA).

- Mission Intégrée des Nations Unies en Centrafrique (MINUSCA).

constitue un crime imprescriptible contre le peuple centrafricain ». Même la Charte octroyée le 18 juillet 2013 par les putschistes du 24 mars 2013 a repris l'intégralité de cette prévention. Mais une rétrospective du phénomène de la violence armée en RCA révèle qu'aucun chef de guerre n'a été inquiété pour ses forfaits commis envers le peuple centrafricain. Craignant aussi pour leur sécurité, aucune autorité politico-administrative et judiciaire n'a engagé une poursuite contre les criminels de guerre en RCA. En conséquence, non seulement les victimes des atrocités sont abandonnées à leur sort, mais la France et l'ONU concèdent à la RCA un système de confusion de pouvoir où rebelles, milices, société civile et gouvernement légitime gèrent ensemble le pouvoir ; gestion appelée à la centrafricaine : « Le Gouvernement d'union nationale ».

Au fond de son miroir, la RCA est une société où l'impunité pour fait de violence politique et armée se porte de mieux en mieux. Elle se déchaîne sur le sort des Centrafricains qui sont victimes d'un crime sans criminels. On a beau dénoncer les horreurs, mais des comportements officiels interdisent que l'on désigne les coupables ou du moins les responsables. Il peut paraître peu réaliste de demander à un otage encore en détention et sans aucun espoir de liberté de traîner ses geôliers devant la justice. Pourtant, il suffit qu'un seul individu ose pour créer un précédent. Pour qu'un dirigeant centrafricain en ait le courage, il doit appartenir à cette catégorie d'individus qui fait de la justice le rempart de la société toute entière. Les violences meurtrières impunies constituent un rejet de la « force du Droit » et font prévaloir le « droit de la force ». Or, les chefs guerriers qui violent impunément les droits de la personne humaine ne cessent de revendiquer l'amnistie et le dialogue politique qui font obstacle à la pacification de la RCA. A analyser la situation centrafricaine de près, c'est la puissance du Droit étatique qui est constamment mise à l'épreuve.

Section 2. L'impuissance du Droit étatique

L'Etat est basé sur cette doctrine selon laquelle toute société secrète un Droit qui régit son fonctionnement[105]. Mais quelle a été la place du Droit dans l'existence de l'Etat centrafricain ? Cette question, qui n'est pas nouvelle dans la pensée juridique, dégage la problématique des rapports entre l'Etat et le Droit[106]. On peut identifier l'existence d'une normativité juridique en se référant à la théorie kelsenienne selon laquelle Droit et Etat forment une unité que l'histoire ne peut démentir[107]. L'Etat est donc le produit d'un « système hiérarchisé des normes référées à une autorité suprême nommée souveraineté »[108]. L'idéaltype d'une telle conception établit un certain nombre de critères qui doivent pouvoir composer le contenu du pouvoir de l'Etat. L'Etat est donc caractérisé par le monopole de la violence légitime, la domination bureaucratique, la centralisation du pouvoir, la hiérarchisation des normes, la mise en place d'une fiscalité homogène, l'administration de la justice, le pouvoir législatif, la territorialisation de l'espace gouverné ; le tout formant une structure homogène régie par le Droit. La crise de l'Etat centrafricain a affecté son existence tant dans sa forme que dans son contenu. L'autorité de l'Etat s'est affaissée. L'Administration publique chargée de faire respecter la loi a périclité. Le pouvoir de décision du Gouvernement est remis en cause. C'est ainsi que l'échec de la politique normative (Paragraphe 1) a favorisé la précarité de la normativité (Paragraphe 2).

---

[105] - O. Beaud, « L'Etat comme communauté de citoyens » *in* P. Bonin, P. Brunet et S. Kerneis, *Formes et doctrines de l'Etat. Dialogue entre histoire du droit et théorie du droit*, Colloque international, Université Paris 1 Panthéon-Sorbonne, 14 et 15 janvier 2013.

[106] - A. Schiavone, *Jus. L'invention du droit en Occident*, Paris, Editions Belin, 2009.

[107] - H. Kelsen, *Théorie pure du droit*, Paris, Editions LGDJ, 199.

[108] - A. Fossier, « Formes et doctrines de l'État : compte rendu de colloque », *Séminaire des membres de l'École française de Rome*, le 17 janvier 2013. Url : <http://semefr.hypotheses.org/746>

Paragraphe 1. L'échec de la politique normative

Dès sa fondation en 1958, la RCA s'est dotée de tous les outils juridiques, politiques, institutionnels voire économiques, pour assurer la sécurité des biens et des personnes. Une équation a été posée : la RCA était censée devenir la « Suisse africaine », c'est-à-dire un havre de paix où la guerre civile ne devrait pas déchirer les habitants de cet Etat. Mais, plus de cinquante ans plus tard, force est de constater que le décor de la RCA est beaucoup plus dramatique.

Les violences politiques ont atteint leur paroxysme avec leur dimension meurtrière[109]. L'inefficacité du Droit pouvant contraindre la population à un vivre-ensemble a abouti l'échec de la politique normative. L'insuffisance d'un Droit susceptible de garantir la sécurité des personnes et de leurs biens (A) a entraîné la difficile recherche d'un Droit de crise (B).

A. L'insuffisance d'un Droit de sécurité

La sécurité a toujours été la mission fondamentale de l'Etat considéré comme son seul garant. En cela, les théories de la pensée politique s'accordaient à considérer l'état primitif, appelé « état sauvage », dans lequel vivaient les Hommes, comme caractérisé par le règne de l'insécurité totale : parce que, « l'Homme étant un loup pour l'Homme », il n'y avait pas de Droit, pas de propriété mais plutôt des « possessions »[110]. C'est la raison pour laquelle il fallait sortir de « l'état de nature » au

---

[109] - D. Niewiadowski, « La République centrafricaine : le naufrage d'un Etat, l'agonie d'une Nation » : op.cit.

[110] - T. Hobbes, *Le Léviathan*, 1651, Cambridge réédition Cambridge University Presse, 1996 - Voir aussi LOISEL Sébastien, « Mécanismes guerriers et fondation de l'Etat dans la pensée politique de Thomas HOBBES » [En ligne], URL : http://www.sens-public.org/article.php3?id_article=139

moyen du « Contrat social »[111] pour entrer dans une société juridique qui puisse reconnaître et accorder à chacun des droits et en assurer la protection, c'est-à-dire la sécurité. Pour atteindre cet idéal, il fallait que l'Etat soit doté d'une puissance nécessaire afin que la sécurité soit menée au concret.

Dans son Rapport sur le développement humain de 1994, le Programme des Nations Unies pour le Développement (PNUD) définit la sécurité comme « la protection contre tout événement brutal susceptible de perturber la vie quotidienne ou de porter préjudice à son organisation dans les foyers, sur le lieu de travail ou au sein de la communauté »[112]. Cette définition s'adapte parfaitement à la réalité centrafricaine où la sécurité est négativement conçue. En l'espèce, la sécurité désigne une insécurité dans la vie quotidienne, un sentiment fait d'anxiété ou de peur face à ce qui peut advenir, à l'absence de paix et de tranquillité sociale. Cette menace résulte d'une absence ou d'une insuffisance de protection assurée par l'Etat.

La RCA a déjà connu trois générations d'insécurité, et peut-être y en aura-t-il une quatrième. La première phase d'insécurité est ce qu'il convenu d'appeler la « délinquance classique » ou la « criminalité classique »[113] réprimée par le droit commun des poursuites. L'action publique diligentée par le Ministère public aboutit soit à l'emprisonnement des auteurs soit à la condamnation à une réparation si la victime se constitue partie civile. Il s'agit entre autres du vol, de braquage opéré par les

---

111 - J.J. Rousseau, *Du contrat social*, Paris, Editions Flammarion GF, 2001, Chapitre VI, Du pacte social.

112 - Programme des Nations Unies pour le Développement (PNUD), *Les nouvelles dimensions de la sécurité humaine*, Rapport mondial sur le développement humain 1994, Paris, Editions, Economica, 1994, p.23.

113 - A. Alvazzi Del Frate (dir.), *Forum sur le crime et la société*, Office des Nations Unies contre la drogue et le crime (UNODC), volume 5, n°1, 2006, Publication des Nations Unies 2010, p.11.

gangs, des règlements de compte dans le partage de butin et des rixes susceptibles de troubler l'ordre public. Si les habitants de la RCA sont habitués à cette insécurité que tout Etat devrait combattre, ils déplorent l'insuffisance de réaction de l'Etat en ce sens.

La stratégie nationale de prévention et de répression de la délinquance classique était quasiment connue de tous car elle comporte les unités de police et de la gendarmerie chargées de maintenir l'ordre. Et la justice poursuit et punit les auteurs des crimes classiques. Mais les carences en matière de répression ont engendré le phénomène de la vengeance privée[114] en vertu de laquelle « celui qui tue doit être tué », « celui qui blesse doit être lynché », « celui qui vole doit être roué de coups », « celui qui tue par sorcellerie doit être rossé »… Quand les forces de l'ordre auront été alertées, ce sera pour eux de venir récupérer le cadavre de l'auteur qui est dorénavant victime de la vindicte populaire.

L'irruption de l'armée sur la scène politique a fait remonter le degré d'insécurité en RCA. C'est là la deuxième génération de l'insécurité. L'armée, depuis 1996, année qui a inauguré les soulèvements militaires, ne représente plus la défense et la sécurité, mais l'instrument de terreur, de pillages, de braquages, de vols à mains armées, de rackets, de tracasserie sur les grandes artères de déplacement et d'exécutions extrajudiciaires. Un rapport spécial du Small Arms Survey estime que, depuis 1996, les armes légères et de petit calibre se sont disséminées en RCA à cause de la porosité des frontières[115]. Les unes sont directement introduites par les Etats tels que la France, le Tchad, la Lybie et la Chine[116],

---

114 - cf. M.-A. Pérouse de Montclos, *Villes et violence en Afrique noire*, Paris, Editions IRD-Karthala, 2002, p.88 et suivantes.

115 - E.G. Berman, *La République centrafricaine : Une étude de cas sur les armes légères et les conflits*, Rapport spécial du Small Arms Survey avec le soutien financier du PNUD, juin 2006, p.29-41.

116 - *Ib.*p.29

les autres proviennent des armes présentes dans la sous-région d'Afrique centrale où des Etats tels le Tchad, le Soudan, la République Démocratique du Congo, la République du Congo et le Rwanda ont assuré le transfert par le biais du marché noir[117]. Enfin, en RCA le pillage de la poudrière, les armes perdues par les forces africaines de maintien de la paix et la fabrication artisanale ont contribué à la prolifération des armes.

L'usage abusif et incontrôlé des fusils automatiques et des mitrailleuses AK-47 entraîne quotidiennement morts et blessés. Les effets indirects de l'utilisation de ces armes sont, entre autres, des vols à main armée et des barrages routiers entravant le transport et la mobilité des personnes et des biens. Il serait exagéré de dire que les AK-47 sont des « armes de destructions massives », mais elles sont les premiers instruments des massacres perpétrés en RCA. Leur usage fait immanquablement référence au mythe du *self relian man* évoquant la capacité de l'individu à faire face par ses propres moyens à toutes les nécessités de l'existence, notamment en assurant lui-même sa sécurité.

La prolifération des armes en RCA a favorisé la formation de groupes armés qui se sont constitués en rébellion, composant ainsi une troisième génération d'insécurité. Les armes détenues ont non seulement servi aux rebelles pour contrôler les zones minières[118] mais aussi amené ceux-ci à pratiquer la « loi du plus fort ». Depuis 2013, la RCA est plongée dans une insécurité indescriptible : les enfants sont enrôlés de force, les femmes violées, les villages incendiés, les champs brûlés, les troupeaux emportés, les biens des personnes spoliés, les bâtiments publics dégradés. Les personnes qui osent résister sont exécutées ou mutilées après séquestration. La vague de la violence et de l'insécurité et les « violations

---

[117] - *Ib*.p.34

[118] - J. V. Bissakounou, *L'autre version de la crise centrafricaine*, Paris, Editions L'Harmattan, coll. « Point de vue », 2015.

des droits humains » qui en ont suivi ont provoqué un déplacement forcé de la population centrafricaine, tant à l'intérieur qu'à l'extérieur de la RCA[119].

Le conflit produisant cette terrible insécurité a opposé la rébellion de la *Séleka* et les milices *Anti-balaka*, provoquant des affrontements très meurtriers pour la RCA dans son ensemble. Dans les revendications, l'ampleur de la crise a malencontreusement invité le « fait religieux ». Dorénavant la *Séleka* revendique être un groupe de protection des musulmans et on a attribué à la milice *Anti-Balaka* le statut de pseudo-groupement protecteur des chrétiens et animistes. La politique a donc instrumentalisé la haine et la vengeance au nom de la religion. Il faut donc s'attendre à une quatrième génération d'insécurité, du fait que les fanatiques religieux vont défendre corps et âme leur appartenance religieuse respective. Il se pourrait que, au nom de la religion, la RCA fasse l'objet d'éventuelles attaques terroristes.

Combattre l'insécurité revient à renforcer tous les dispositifs juridiques et institutionnels susceptibles de donner à l'Etat centrafricain l'image d'un « Etat fort ». Le grand défi à relever consiste à procéder à un désarmement général et complet de tout le pays. Il faudrait donc une mesure juridique spéciale, telles que « Patriot Act » aux Etats-Unis d'Amérique, « Etat d'urgence » en France, une loi spéciale qui puisse non seulement unir la RCA, mais aussi renforcer l'autorité de l'Etat, dégager la stratégie de lutte contre l'insécurité endémique et envisager la poursuite des responsables des actes ayant entraîné l'avilissement des Centrafricains.

La problématique de la sécurité concerne tous les aspects de la sécurité publique. Ceci suppose, en premier lieu, l'éradication de toutes les milices parallèles qui

---

[119] - Dalia Al Achi, *Journée des droits de l'homme : les abus sont légion en République centrafricaine*, Editions leo Dobbs, 10 décembre 2015.

continuent de terroriser la population[120]. La première mission de l'Etat est de mettre en place des unités de sécurités officielles dépendant exclusivement de l'Etat et ayant pour vocation de protéger l'ensemble de la population.

B. L'insuffisance d'un Droit de crise

En RCA, l'issue de sortie de la crise qui met en péril l'équilibre de la Nation se trouve dans les seules mains du Président de la République. Le principe emprunté à la formule française s'énonce en ces termes : « Lorsque les institutions de la République, l'indépendance de la Nation, l'intégrité du territoire, l'exécution des engagements internationaux ou le fonctionnement normal des pouvoirs publics sont menacés de manière grave et immédiate, le Président de la République, après avis du Conseil des Ministres, du Président de l'Assemblée Nationale, du Président du Sénat et du Président de la Cour Constitutionnelle, prend les mesures exigées par les circonstances en vue de rétablir l'ordre public, l'intégrité du territoire et le fonctionnement régulier des pouvoirs publics. La Nation est informée par message du Président de la République de sa décision de mettre en œuvre ou d'interrompre l'application du présent article. Pendant qu'il dispose des pouvoirs exceptionnels, le Président de la République ne peut réviser ni suspendre tout ou partie de la Constitution, ni dissoudre l'Assemblée Nationale. Pendant l'exercice des pouvoirs exceptionnels, le Parlement se réunit de plein droit. Il est saisi pour ratification, dans les quinze (15) jours francs de leur promulgation, des mesures de nature législative prises par le Président de la République. Ces mesures deviennent

[120] - A.J. Doui-Wawaye, *La sécurité et l'Etat de droit en République centrafricaine. La sécurité, la fondation de l'Etat centrafricain : contribution à la recherche de l'Etat de droit*, Thèse publiée, Presses académiques francophones, 2012.

caduques si le projet de loi de ratification n'est pas déposé sur le bureau de l'Assemblée Nationale dans ledit délai. Le Parlement peut les adopter, les amender ou les rejeter lors du vote de la loi de ratification. L'application des pouvoirs exceptionnels par le Président de la République ne doit, en aucun cas, compromettre, ni la souveraineté nationale, ni l'intégrité territoriale »[121].

Cette disposition constitutionnelle a fait l'objet d'immenses interprétations variées : « Pouvoirs exceptionnels » pour le Conseil d'Etat[122], « Pleins pouvoirs » de l'avis de la doctrine[123]. D'autres ont préféré évoquer le principe de la « dictature constitutionnelle »[124], expression employée explicitement par l'historien A. Berger pour remplacer la « dictature classique » par la *constitutional dictatorship*[125].

En l'espèce, quels que soient les termes utilisés, la décision d'appliquer cette règle constitutionnelle se traduit par la mise en œuvre de l'ensemble des mesures d'urgence par le Président de la République quand une crise surgit. Cette pratique brouille le jeu de la séparation des pouvoirs[126], mais elle se justifie par ce qu'il est convenu d'appeler « état de nécessité »[127]. Le Président de la République use de son pouvoir de « Chef » pour rétablir l'ordre par tout moyen politique, financier et juridique. Les circonstances, qualifiées d' « exceptionnelles » par le Conseil d'Etat français exigent que des mesures excédant

---

121 - Voir article 43 de la Constitution centrafricain du 30 mars 2016.

122 - CE, Sect, 2 mars 1962, *Rubens de Servens*.

123 - D. Amson, « Pleins pouvoirs » *in Encyclopædia Universalis*, [En ligne], URL : http://www.universalis.fr/encyclopedie/pleins-pouvoirs/

124 - M.Carpentier, « État d'exception et dictature », *Tracés. Revue de Sciences humaines* [En ligne], 20 | 2011, mis en ligne le 16 mai 2013, consulté le 26 juillet 2016. URL : http://traces.revues.org/5060 ; DOI : 10.4000/traces.5060

125 - A. Berger, *Encyclopedic Dictionary of Roman Law*, Philadelphie, The American Philosophical Society, 1953, P.434.

126 - R. Carre De Malberg, *Théorie générale de l'Etat* T2, Paris, Editions Librairie de recueil Sirey, 1922, p. 31.

127 - J. Lamarque, « La théorie de la nécessité et l'article 16 de la Constitution de 1958 », *Chronique constitutionnelle et parlementaire française*, RDP 1961, p.560.

les limites normales soient prises[128]. De l'avis de F. Hamon, l'expression « menace grave et immédiate » peut être remplacée par « péril imminent »[129] ou par ce que le Code pénal français qualifie de « danger actuel »[130]. Le Président de la République dispose ainsi d'une grande marge de manœuvre pour prendre les « mesures exigées par les circonstances », à charge pour lui de respecter les limites constitutionnelles[131] et jurisprudentielles[132]. Le Président de la République peut donc suspendre les libertés définies par la Constitution. Ce qui soulève d'emblée la problématique de la relation entre la restriction des droits et libertés individuels et la nécessité de rétablir l'ordre.

A ce problème, au chapitre XIV du *Second traité du gouvernement civil*, cité dans la traduction classique de D. Mazel, J. Locke indique qu'en « certaines conjonctures », il peut être accordé au pouvoir exécutif un pouvoir discrétionnaire pour le bien public, et même si ce faisant il viole une loi établie par le législateur[133]. Et J. Locke ajoute : « Que s'il vient à s'élever quelque contestation entre le pouvoir exécutif et le peuple, au sujet d'une chose traitée de prérogative, on peut aisément décider la question, en considérant si l'exercice de cette prérogative tend à l'avantage ou au désavantage du peuple »[134]. Se voulant un peu plus concret et clair, B.

---

[128] - C.E. 28 juin 1918, *Heyriès*, Rec.651 ; CE 28 février 1919, *Dol et Laurent*, Rec.338.

[129] - F. Hamon, « L'article 16 de la Constitution de 1958 » *in droit constitutionnel et Institutions politiques*, n°107, Editions La Documentation française, 1994, p.4.

[130] - Voir article 122-7 du Code pénal français.

[131] - Selon C. Leclerc, « le Président de la République, dans ces circonstances exceptionnelles, dispose de la plénitude des pouvoirs législatif et réglementaire. Le seul pouvoir dont ne pourrait disposer le Président, c'est celui de modifier lui-même la Constitution ». Voir, C. Leclerq, *Droit constitutionnel et Institutions politiques*, Paris, 10ème édition Litec, 1999, p.540.

[132] - Voir les arrêts du Conseil d'Etat notamment : C.E., 2 mars 1962, *Ruben de Servens* ; C.E., 23 octobre 1964, *Oriano*.

[133] - J. Locke, *Traité du gouvernement civil*, (Traduction française de D. Mazel en 1795), coll. « Les classiques des sciences sociales », 1992, Chapitre XIV du *Second traité du gouvernement civil*.

[134] - *Ib*.p.264.

Jeanneau précise : « Il arrive que l'État lui-même soit menacé et que l'on cherche à renverser le régime tout entier. La crise devient alors institutionnelle et appelle de ce fait une solution extraordinaire. Les pouvoirs que l'article 16 de la Constitution de 1958 confère, en cas de péril national, au chef de l'État répondent à cette idée que l'état de nécessité commande et justifie un droit constitutionnel d'exception »[135]. La mise en œuvre des pouvoirs exceptionnels du Chef de l'Etat est subordonnée au respect des conditions tant de forme que de fond[136]. Ce n'est pas l'analyse juridique qui intéresse la situation en RCA mais plutôt les retombées de la mise en application de cette disposition constitutionnelle sur le rétablissement de l'ordre, car la fin justifie les moyens.

En fait, les tentatives de mettre en œuvre de cette règle des pleins pouvoirs accordés au Chef d'Etat se sont révélées sans succès en RCA puisque les crises se répètent depuis un demi-siècle. L'unité de la RCA est en péril, son territoire est désintégré et occupé par des factions rebelles qui font et exécutent leurs propres lois. La RCA a été, de fait, divisée en deux et l'Etat ne fonctionne plus dans la partie occupée par la rébellion. Cette scission a entraîné un exode massif des populations du Nord et du Centre vers le Sud et vice-versa. Incontestablement, cette situation laisse planer plus qu'une menace grave et immédiate sur l'intégrité du territoire centrafricain. Les différents représentants de l'État, les membres des appareils exécutifs, parlementaires et judiciaires, ont dû eux aussi quitter la zone désormais occupée par la rébellion, laissant cette partie du territoire centrafricain ainsi que la

---

[135] - B. Jeanneau, *Droit Constitutionnel et Institutions politiques*, Paris, 3ème édition Dalloz, 1972, p. 234

[136] - C'est la Constitution elle-même qui énumère les conditions de mise en application de cette disposition à savoir : requérir l'avis des ministres et des autorités constituées de l'Etat, informer la Nation par message, s'interdire de réviser la Constitution ou de dissoudre l'Assemblée nationale, et ne pas aliéner la souveraineté nationale et l'intégrité territoriale

population qui y est restée sous le contrôle direct et exclusif des autorités rebelles. Dès lors que la RCA est pratiquement divisée en deux parties dont chacune est dirigée par une autorité niant la légitimité de l'autre et que la circulation des personnes nécessite le passage par une « frontière » et une autorisation orale ou écrite des forces armées de chaque camp, il y a à l'évidence une grave atteinte à l'intégrité du territoire national. En conséquence, les pouvoirs publics ne sont plus en état de fonctionner normalement « en raison d'empêchements graves et non pas à la suite de difficultés politiques normalement inhérentes à tout régime pluraliste »[137].

Si la notion d'intégrité peut induire celle d'unité, il faut rappeler que la plénitude du territoire est altérée en RCA dès lors que les personnes et leurs biens ne peuvent y circuler librement d'un bout à l'autre. En raison de l'usurpation de l'autorité par les dissidents les institutions de l'Etat et les règles qui le régulent sont différentes d'une partie du territoire à une autre. En l'occurrence, il y a toute une partie du territoire national et la moitié de la population qui échappent au contrôle du gouvernement légal.

Par ailleurs, le fonctionnement des pouvoirs publics se révèle fortement ébranlé. Les relations internationales de la RCA sont mises sur le banc de touche car l'Union Africaine (UA) a suspendu la participation de la RCA de ses activités[138]. La Constitution s'est révélée impuissante pour rétablir l'ordre public en RCA. Les blocages à toute tentative de résolution de crise, délibérément orchestrés par les belligérants, ont conduit à la signature des accords qui se sont substitués à la Constitution en vigueur qui régit

---

137 - R. Degni-Segui, *Droit administratif général, l'organisation administrative*, Abidjan, 3ème édition CEDA, septembre 2002, p.25.

138 - L'article 30 de l'Acte constitutif de l'Union Africaine stipule que « Les Gouvernements qui accèdent au pouvoir par des moyens anticonstitutionnels ne sont pas admis à participer aux activités de l'Union ».

le fonctionnement des pouvoirs publics[139]. Dans ce cas, le Droit est incapable de résoudre efficacement le conflit centrafricain dont la nature essentiellement politique requiert la nécessité d'un règlement politique.

Paragraphe 2. Les accords politiques dans l'architecture du Droit

Les différents conflits armés qui ont ensanglanté la RCA ont laissé présager la contradiction avec la notion même du juridisme puisqu'à l'origine il s'agit de conflits politiques[140]. Difficile donc a été le recours au Droit pour normaliser la situation politique instable qui a déstabilisé l'ensemble des institutions de la République et affecté l'ensemble du territoire national. Le recours aux accords politiques a été une dérogation à l'ensemble de l'architecture juridique. Le recours à la médiation des tiers qui ont mené les négociations a abouti à la signature des accords politiques qui ont modifié le Droit existant. L'élément nouveau dans l'ordre juridique centrafricain est la victoire à l'arraché des lois d'amnistie qui absolvent les auteurs des crimes commis (A). Pourtant, pour éviter la recrudescence d'un nouveau conflit armé, ne faudrait-il pas consacrer un Droit susceptible de pallier les insuffisances du Droit existant (B) ?

A. L'obsolescence des lois d'amnistie

L'amnistie est une mesure dérogatoire qui empêche le Droit pénal de poursuivre les auteurs dont les actions ont porté atteinte à la sûreté nationale ou à l'intégrité des personnes. Evoquant « l'oubli » des actes criminels, l'amnistie, qui de prime abord est une revendication

[139] - Supra, voir Introduction, note de bas de page n°25.

[140] - A. Fogue Tedom, *Enjeux géostratégiques et conflits politiques en Afrique noire*, Paris, Editions L'Harmattan, 2008.

politique[141], fait table rase de ce qui s'est passé en vue d'instaurer un nouveau climat de paix, de stabilité et d'une réconciliation nationale[142]. Le Droit s'en approprie et en donne effet juridique, ce qui efface les condamnations, entraîne la remise de toutes les peines et rétablit les auteurs et leurs complices qui ne sont pas poursuivis pour des faits qu'ils ont commis[143]. On se retrouve donc face à un dilemme qui oppose la paix à la justice.

Plusieurs Etats ont tenté, et certains y sont parvenus, de passer d'un régime de violences politiques à une véritable réconciliation nationale en concluant une sorte de pacte préalable qui prévoit, en général, de ne pas poursuivre les bourreaux en échange de leur « pardon »[144]. En Afrique du Sud, par exemple, le travail de réconciliation choisi a conduit à réexaminer ce rapport difficile par la mise en place d'une commission « Vérité et réconciliation » dont l'ambition est de concilier l'inconciliable. Ceci a permis d'obtenir des aveux et des repentirs, d'élucider des crimes ou des disparitions, d'identifier des responsables d'actes odieux, répondant ainsi à certaines des aspirations essentielles des victimes. Ce faisant, cette démarche s'est inscrite hors de toute procédure judiciaire *stricto sensu*.

En RCA, l'amnistie a toujours été une exigence préalable à toute négociation par les auteurs de crimes contre la sûreté intérieure de l'Etat et les principaux violateurs des droits de l'homme. Le schéma est bien connu : conflit, dialogue politique et amnistie. La RCA vit depuis 1996 dans ce cycle où ce triptyque n'a jamais permis une paix durable. Tour à tour au pouvoir ou dans

---

141 - B. Cassin, « Amnistie et pardon : pour une ligne de partage entre éthique et politique » *in* B. Cassin, O. Cayla, Ph.-J. Salazar (dir.), *Vérité, réconciliation, réparation*, Paris, Editions du Seuil, 2004, p.37-57.

142 - S. Wahnich (dir.), *Une histoire politique de l'amnistie- Etudes d'histoire, d'anthropologie et de droit*, Paris, Presses Universitaires de France (PUF), 2007.

143 - cf. Article 133-9 du Code pénal (français).

144 - Vally Hanif, « La paix avec la justice : l'amnistie en Afrique du Sud » *in Mouvements*, 1, n°53, 2008, p.102-109.

l'opposition armée, ou encore dans la rébellion, les protagonistes des conflits continuent de manier à la fois le bâton et la clémence[145] à telle enseigne que l'amnistie devient obsolète. En 1998, une loi d'amnistie a été votée en vue de couvrir l'ensemble des crimes des trois mutineries qui eurent lieu en 1996 et 1997 qui ont failli évincer du pouvoir le Président A.F. Patassé. En 2002, une loi d'amnistie a été adoptée pour couvrir les évènements de mai 2001 ; lesquels événements ont marqué le putsch avorté le 28 mai contre Ange Félix Patassé. En 2003, une autre disposition législative viendra autoamnistier tous les crimes liés aux évènements du 15 mars, date de prise du pouvoir par le Général François Bozizé. Le 29 septembre 2008, une loi d'amnistie générale, promulguée le 13 octobre de la même année par le Président de la République, concerne l'ensemble des protagonistes des conflits entre 2002 et 2003 après le coup d'Etat du Général François Bozizé couvrant également les crimes commis en 1999[146].

Les lois d'amnistie se sont succédées en RCA, mais les conflits perdurent, avec toujours les mêmes acteurs. L'interprétation que l'on peut donner à ces lois récurrentes réside dans le fait qu'en revendiquant et en obtenant une loi d'amnistie, les protagonistes pensent « décrocher » le pouvoir en place pour les rebelles, ou stopper l'invasion pour le régime en place. C'est pourquoi ce type de loi cache souvent les intentions inavouées des belligérants. Les lois d'amnistie ne sont pas obtenues dans un but primaire de préserver la paix, mais plutôt avec le pressentiment d'avoir vaincu l'adversaire sur le terrain des

---

[145] - Allusion faite à l'officier qui, après son sacre devait saisir les insignes d'un gouvernement équitable : le sceptre dans la main droite et la main de justice dans la main gauche. Le sceptre symbolise la fonction politique du souverain et l'épée sa fonction militaire.

[146] - la Loi n°08 du 13 octobre 2008 portant amnistie générale à l'endroit des personnalités, des militaires, des combattants et des civils, des éléments et responsables civils des groupes rebelles.

pourparlers. C'est, d'ailleurs, ce qui justifie la recrudescence des hostilités en RCA. Les protagonistes des conflits semblent davantage soucieux d'obtenir l'absolution de leur crime, ce qui leur permet de résider en RCA et de continuer à participer à la vie politique du pays plutôt que d'abandonner les armes. En attendant, les véritables victimes des conflits se voient sans cesse bafoués sur tous les plans, sans pouvoir obtenir justice ni réparation pour le préjudice subi[147]. Ceci parce que l'amnistie des groupes politico-militaires comporte des clauses susceptibles de ne jamais mener à une véritable réconciliation nationale capable d'apaiser les esprits. Comme les stigmates des actes de violence sont encore vifs, la loi d'amnistie est mal vécue.

Il est cependant possible d'obtenir une forme de justice avec la paix, à condition que la justice ne soit pas oubliée. Si les différentes lois d'amnistie pouvaient édifier une sorte de « pont historique » entre le passé d'une RCA caractérisée par des atermoiements politiques et son futur basé sur la coexistence pacifique et les opportunités de l'épanouissement social de tous les Centrafricains et de toutes les Centrafricaines, le pays aurait déjà enterré la hache de guerre. Une loi d'amnistie pourrait bien poser les bases solides d'une construction juridique qui permettrait de transcender les divisions et les désaccords qui ont entraîné sa chute dans le passé.

B. La nécessité d'un Droit post-conflit

L'élaboration d'un Droit susceptible de régir un nouveau projet de société d'un pays qui sort d'un conflit est un vaste chantier. Le défi auquel le cadre juridique est confronté serait sans nul doute la reconstruction de l'Etat

---

147 - Fédération Internationale Des Ligues Des Droits De L'homme, *Oubliées, stigmatisées : la double peine des victimes de crimes internationaux*, Rapport n°457, février 2006.

de Droit, car, si le Droit existant était respecté, on aurait tout à gagner en évitant l'escalade de violence qui aboutit à la négation des droits humains. A l'heure actuelle, il est difficile de dresser un bilan de tous les conflits militaro-politiques qui ont ravagé la RCA car, comme on le dit, « La guerre n'épargne rien »[148]. Toute guerre génère des images apocalyptiques, les dégâts les plus marquants étant ceux que l'on peut percevoir visuellement.

Beaucoup de Centrafricains ont péri au cours de tous ces conflits qui ont aussi fait de milliers de déplacés et de réfugiés notamment dans les pays voisins comme le Cameroun, le Tchad, la République démocratique du Congo et le Congo Brazzaville, voire même partout en Afrique et dans le monde. Il est quasi impossible de dénombrer les personnes souffrant de handicap physique et de traumatisme, les femmes violées et contaminées par le virus du VIH/SIDA, les veuves et les orphelins de guerre et les personnes disparues. En plus des débordements et les violences insoutenables qui ont entraîné des pertes en vies humaines, le bilan des dégâts matériels fait état de bâtiments détruits, d'installations et infrastructures endommagés, de matériels hors d'usage. L'impuissance de l'Etat à garantir l'ordre et la sécurité, à protéger les biens et les personnes pose donc la question de la nécessité de reconstruire « l'Etat de Droit ».

Dans sa définition, le terme « reconstruction » se réfère à l'action de reconstruire qui peut à la fois signifier « rétablir dans son état originel » et « imaginer quelque chose autrement »[149]. La reconstruction est donc liée au temps d'après-conflit, ce qui semble logique car le conflit évoque la destruction que le temps « post-conflit » doit s'atteler à reconstruire. Selon un rapport établi par le

---

148 - C. Garda, *La contribution française à la construction de la paix dans les Balkans : les enjeux sanitaires de la reconstruction de la paix*, Paris, Fiches Irénées, 2002.

149 - *Le petit Larousse illustré 2017*, Paris, Editions Larousse, 2016, voir « Reconstruction ».

NEPAD[150], « la reconstruction post-conflit est un processus à long terme consistant à reconstruire les dimensions politiques, sécuritaires, sociales et économiques d'une société sortant d'un conflit en s'attaquant aux causes profondes du conflit »[151].

Quelles sont alors les causes profondes du conflit qui a ébranlé la RCA ? Comment y remédier ? Que peut faire le Droit ?

La reconstruction d'un pays ravagé par une guerre civile est un système complexe qui exige des programmes simultanés à court, moyen et long termes. L'objectif d'un tel processus vise non seulement à prévenir l'escalade des violences, mais également à éviter la rechute dans le conflit violent. Il s'agit de « refonder » l'Etat en commençant par ses assises juridiques[152].

Cette idée a été amplement détaillée par les juristes européens à l'instar de H. Kelsen qui estime que l'Etat de droit est « l'ordre étatique le meilleur, l'ordre étatique vraiment juste »[153]. L'idée de base consiste à soumettre le pouvoir politique au respect des normes juridiques, et la doctrine en la matière fait de l'Etat de droit un principe fondateur d'un « dispositif de limitation de l'emprise étatique »[154]. Ce qui implique de préserver les justiciables de l'arbitraire et de contrôler avec rigueur le respect des procédures définies par les textes législatifs et réglementaires. Mais, à l'heure actuelle, pour ce qui concerne la RCA, on peut émettre l'hypothèse que tout

---

150 - Nouveau partenariat pour le développement de l'Afrique. Projet de développement, sous la tutelle de l'Union africaine, initié en 2000 par plusieurs chefs d'États africains à partir du Plan Oméga et le Millenium African Plan ou Plan MAP.

151 - Secrétariat du NEPAD, *Cadre politique de reconstruction post-conflit en Afrique,* Rapport sur le Programme pour la gouvernance, la paix et la sécurité, juin 2005, p.iii.

152 - Voir, A. J. Doui-Wawaye, *La sécurité et l'Etat de droit en République centrafricaine. La sécurité, la fondation de l'Etat centrafricain : contribution à la recherche de l'Etat de droit*, Thèse publiée, Presses académiques francophones, 2012.

153 - H. Kelsen, *La démocratie, sa nature, sa valeur*, Paris, Editions Economica, coll. « Classiques », Série « Politique et constitutionnelle », 1988, p.15.

154 - J. Chevalier, *L'Etat de droit*, Paris, 2ème édition Monchrestien, coll. « Clefs politique », 1994, p.19.

l'édifice d'Etat de droit s'est effondré à cause d'un conflit : les espaces urbains sont abandonnés à la violence, les biens publics et ceux des personnes sont dégradés, les services sociaux de base ont fait l'objet de déprédations. Il y a donc nécessité de réhabiliter l'Etat de droit, tant dans sa structure formelle que dans son fonctionnement.

Sur le plan formel, la réhabilitation de l'Etat vise à jeter les bases d'un régime de droit allant de l'organisation interne des corps publics au fonctionnement des services publics administratifs, en passant par des Règlements déterminés par le Droit. On devrait donc assister à une floraison de règles de Droit [155] dont l'objectif est d'ordonner, d'ordonnancer et d'organiser la nouvelle société post-conflit. C'est ce dispositif juridique qui sera en mesure de contrecarrer la violence armée, la prise de pouvoir par les armes et jeter les assises d'un nouveau « vivre-ensemble », en consacrant aussi les droits de la personne humaine affirmés par les instruments juridiques internationaux des droits de l'homme[156]. La Loi dans son ensemble pourrait être un facteur de paix. Mais l'Etat de droit ne se limite pas à ce *legal state* par lequel un ensemble de règles définit et organise la société[157].

Sur le plan fonctionnel, la reconstitution de l'Etat de droit doit être accompagnée d'institutions capables de garantir le respect de cet ensemble visant à instaurer une paix durable. Il a constaté en RCA, que l'attention des acteurs militaro-politiques de la reconstruction semble se focaliser sur son aspect économique et donc principalement matériel. Or, rebâtir les infrastructures est un projet plus visible que de lancer tout un pays dans une

---

155 - cf. J. Rivero, « Etat de droit, état du droit » *in Etat de droit. Mélanges en l'honneur de G. Braibant*, Paris, Editions Dalloz, 1996, p.609.

156 - M. Chemiller-Gendreau, « L'Etat de droit au carrefour des droits nationaux et du droit international » *in Etat de droit. Mélanges en l'honneur de G. Braibant* : op.cit. p.57-68.

157 - P.F. Gonidec, « L'Etat de droit en Afrique. Le sens des mots » *in Revue Juridique Politique Indépendance et Coopération*, n°11, 1998, p.3-32.

entreprise de conscientisation nationale. La clé d'un retour pérenne à la stabilité passe nécessairement par l'élaboration et la mise en œuvre d'un « programme de société » avalisé par le Droit. Reconstruire tous les bâtiments publics, y compris les Ministères, ainsi que le secteur économique est l'un des objectifs de la reconstruction. De plus, il est impérativement nécessaire de rebâtir une Société, une Nation car les liens sociaux ont eux aussi été détruits. Il s'agit donc de réinventer un « programme de société » fondé sur la justice prenant en compte toutes ces dimensions.

La justice constitue l'organe de base de la reconstruction d'une Nation sortant d'un conflit éminemment meurtrier. La justice, institution-clé chargée de réconcilier les uns et les autres, doit soit punir les auteurs des atrocités, soit les disculper. Le problème devient délicat quand il s'agit de déterminer de quelle justice il s'agit exactement. Sur le plan politique, non seulement elle ne doit pas être une justice qui assène les vaincus, mais une justice qui va chercher à réconcilier les bourreaux et les victimes en évitant la « chasse aux sorcières ». Les bourreaux seront condamnés après un procès équitable, et les victimes seront moralement satisfaites de la condamnation de leurs bourreaux et des éventuelles réparations qu'elles pourront obtenir. La question qui se pose est : la justice post-conflit doit-elle être rendue dans un sens classique où « Tout fait quelconque de l'homme, qui cause à autrui un dommage, oblige celui par la faute duquel il est arrivé à le réparer » ?[158], ou bien les circonstances exceptionnelles de la guerre civile doivent-elles prévaloir et guider le jugement de la justice post-conflit ?

Il est fondamental de prendre une mesure judiciaire visant à réconcilier bourreaux et victimes, et la RCA a

---

[158] - Article 1382 du Code civil (français).

opté pour la création d'un tribunal d'exception, créé le 3 juin 2015 au sein de l'organisation judiciaire centrafricaine. Il s'agit d'une « Cour pénale spéciale » chargée d'enquêter, d'instruire et de juger les violations graves des droits humains et les violations graves du droit international humanitaire, où le juge national doit juger les crimes qualifiés au niveau international[159]. La Loi a visé le crime de génocide, les crimes contre l'humanité et les crimes de guerre commis « depuis le 1er janvier 2003 » sur l'ensemble du territoire[160] de la RCA. Normalement, avant de déclencher la procédure judiciaire contre tous les responsables de violation grave des droits de l'homme, il est nécessaire de mettre en place un ensemble de mécanismes, ce qui pourrait confronter la Cour pénale spéciale à la gestion du « quantitatif ».

Il est fort probable qu'on demande à la Cour pénale spéciale de ne juger que des faits « monstrueux », qui « dépassent l'entendement ». La juridiction va donc sans doute devoir sélectionner les affaires de façon partielle et partiale. Pour éviter cela, il faudrait une commission spéciale, de « Vérité et réconciliation », chargée d'analyser toutes les plaintes et de ne renvoyer au tribunal que celles susceptibles d'y être débattues.

Si l'on peut se réjouir de cette innovation en RCA, parce que l'on espère que non seulement justice sera rendue aux victimes mais aussi que lumière sera faite sur les faits commis, on est quand même en droit de douter de la réussite de cette justice. Cette juridiction d'exception doit s'entourer d'une précaution d'usage, à savoir que, la création d'un tribunal d'exception réglant les affaires de guerre civile est un acte politique, sinon il sera difficile de

---

159 - H. Ruiz Fabri, J.-M. Sorel, « L'exportation du modèle universel vers les juridictions internationales » *in* S.Guinchard (dir.), *Droit processuel, droits fondamentaux du procès*, Paris, 6ème édition Dalloz coll. « Précis droit privé », 2011, p. 1041-1122.

160 - Article 3 de la Loi organique n°15.003 du 3 juin 2015 portant création, organisation et fonctionnement de la Cour pénale spéciale.

respecter la « séparation » entre le Droit et la politique qui s'entremêleront obligatoirement au niveau de la détermination des responsabilités[161]. Ensuite, on pourrait croire que la Cour pénale spéciale se situe dans une logique de délocalisation de la justice pénale internationale, en respectant le principe de « complémentarité » en vertu duquel la Cour pénale internationale renvoie d'abord les criminels devant les juges de leur pays. Elle n'intervient que lorsqu'ils ne seront pas jugés ou « mal » jugés[162]. L'on voit mal, en effet, les chefs rebelles et les plus grands dirigeants politiques et militaires impliqués dans les violences qui ont entraîné la violation des droits humains se pavaner en RCA et à l'étranger. Il convient donc que la Cour pénale spéciale en RCA soit pleinement opérationnelle ; à défaut, elle générera des frustrations et perdra sa crédibilité.

---

[161] - cf. J.-M. Sorel, « Les tribunaux pénaux internationaux. Ombre et lumière d'une récente grande ambition», *Revue Tiers Monde* 1/2011 (n°205), p. 29-46.

[162] - cf. article 1er du Stat de la Cour pénale internationale entré en vigueur le 1er juillet 2002.

Chapitre 2

Les modalités de mise en œuvre du Droit centrafricain

Peut-on évoquer le Droit sans parler de la justice ? Il est question ici de dégager la relation entre « Droit » et « Justice » qui a, depuis la nuit des temps, fait l'objet d'études, de réflexions et d'écrits. Si la justice correspond au Droit[163], le lien mérite d'être analysé en référence à la situation en RCA. En effet, la pensée juridique estime que le Droit dépend largement de la justice dans la mesure où c'est lui qui instaure la justice. Et celle-ci dépend également du Droit au sens où c'est elle qui le fait respecter. Autrement dit, la justice existe grâce au Droit qu'elle applique, elle est l'organe chargé d'appliquer le Droit qui est lui-même la condition de réalisations de la justice.

Juger, ou *judicare* en latin, c'est « dire le Droit ». Si, constitutionnellement, la justice a sa place dans l'architecture des pouvoirs constitués de l'Etat de la RCA, la question qui se pose réside au niveau de la nécessité de la réformer afin qu'elle soit plus proche des justiciables[164]. Mais, comment, par quels moyens et par quels outils « repenser » le Droit et la justice en RCA ? C'est la question principale que pose la réforme de l'Etat en RCA. Réclamer politiquement la réforme de l'Etat revient à réévaluer la justice en lui attribuant la réelle légitimité de son « autorité »[165]. Le thème de la « qualité de la justice »

---

[163] - L'origine du mot « Droit » semble le confirmer : Droit se dit en latin *jus* ; ce qui se confond au mot « juste ». Le Juste serait donc ce qui correspond au droit. Ce qui en découle.

[164] - L. Cadiet, L. Richer, *Réforme de la justice, réforme de l'Etat*, Paris, Editions PUF, coll. « Droit et justice », 2003.

[165] - Gwenola Kerbaol, *La responsabilité des magistrats*, Paris, Editions PUF, coll. « Droit et justice », 2006.

s'impose comme un nouveau défi pour tous les services publics de l'Etat et, plus encore, pour celui de la justice[166]. Par delà les critiques que l'on peut objecter à la justice centrafricaine, l'image positive des fonctions judiciaires se révèle un défi à relever[167]. La bonne lisibilité de la justice, donc son efficacité, passe avant tout par l'adoption d'un plan de réaménagement qui place les acteurs judiciaires à l'interface entre l'Etat et la population. Cette reconstruction de la justice s'étendra en questionnant l'impuissance du Droit, la faiblesse de l'Administration et l'autorité des pratiques judiciaires. En effet, malgré l'intérêt accru des bailleurs de fonds pour les problèmes de réforme institutionnelle en RCA, il existe toujours un décalage entre l'institution de la justice et les besoins de la population[168].

Mais avant la réforme de la justice ne faut-il pas avoir un Droit solide dont la force va de son élaboration à son application en passant par son adoption ? La RCA a besoin d'un Droit solide et dynamique où, dans un contexte de reconstruction d'une Nation déstructurée, la plupart des problèmes se rapportent directement au Droit et à son application. Divers mécanismes peuvent être mis en place pour marquer l'entrée en vigueur des actes juridiques (Section 1) par lesquels les individus victimes d'une illégalité auront la possibilité de porter leur plainte devant un juge (Section 2).

---

166 - E. Breen, *Evaluer la justice*, Paris, Editions PUF, coll. « Droit et justice », 2002.

167 - C. Fillon, M. Boninchi, A. Lecompte, *Devenir juge*, Paris, Editions PUF, coll. « Droit et justice », 2008.

168 - cf. E. Le Roy, *Les africains et l'institution de la justice. Entre mimétisme et métissages*, Paris, Editions Dalloz, 2004.

Section 1. L'entrée en vigueur des actes juridiques

Ce qui est important dans la terminologie « Acte juridique », ce n'est pas sa définition, mais plutôt l'effet de Droit que qu'il est amené à produire. En RCA, l'effet d'un acte juridique commence le jour où il fixe sa date d'entrée en vigueur. A ce moment là, l'acte revêt une force juridique dont l'application ne souffre d'aucune exception. Mais la jurisprudence française est exigeante quant à la « publicité adéquate » d'un tel acte[169]. Cette publicité permet non seulement de « porter les textes à la connaissance de l'administration et du public », mais aussi de les rendre « opposables ». Avant de porter le Droit à la connaissance publique (Paragraphe 2) il convient d'analyser au préalable la manière dont il est produit en RCA (Paragraphe 2).

Paragraphe 1. La production du Droit

Dysfonctionnement, crise, dépérissement, disparition, déflation, déliquescence, éboulement sont autant des termes qui qualifient le visage de l'Etat en RCA. Ces qualificatifs sont particulièrement réducteurs de la production de Droit en RCA. Pourtant, selon la théorie positiviste classique, la production du Droit relève du domaine de l'Etat. C'est pourquoi, en RCA, on ne nie point la primauté de l'Etat dans la production du Droit soit par la Loi, soit par les règlements (A). Normalement la jurisprudence et la doctrine peuvent contribuer par leurs apports à la création du Droit, mais elles sont loin de l'assurer en RCA (B).

[169] - CE, Section, 12 juillet 1991, *Ministre de la jeunesse et des sports.*

A. Une œuvre déséquilibrée de la Loi et du Règlement

La Révolution française de 1789 a fondé le Droit sur la Loi qui est aujourd'hui l'expression de la souveraineté nationale. En RCA, tout comme en France, la Loi demeure la source principale du Droit. Toute innovation, toute réforme, voire toute règle de la vie en société, dans quelque domaine que ce soit, résultent d'une loi votée par le Parlement, et, les règlements interviennent au second degré pour prendre les mesures nécessaire liées à l'application de la loi, en précisant, par exemple, ses conditions et ses effets de mise en œuvre. La Loi et les Règlements présentent des liens très étroits. Et, il y a peu de différence entre eux étant donné qu'ils visent à régir une situation générale. L'on peut cependant relever une différence de forme en ce que la Loi est votée par le Parlement alors que le Règlement émane du pouvoir exécutif. C'est la Constitution qui a opéré la différence entre les deux pouvoirs en distinguant les domaines respectifs de la Loi et du Règlement[170].

Concernant la Loi, la Constitution distingue les matières dans lesquelles le Parlement fixe les règles et celles pour lesquelles il détermine les principes fondamentaux. Sont donc du domaine de la Loi les règles relatives aux droits civiques, à la parité hommes et femmes, aux sujétions, à la nationalité, au statut des étrangers, à l'organisation de l'Etat civil, à la détermination des crimes et délits, à l'organisation des offices publics, aux garanties accordées aux fonctionnaires civils et militaires, à l'organisation administrative et financière, au régime des partis politiques, au code électoral, à la privatisation des entreprises publiques, à la création et à l'organisation des organes de contrôle et de

[170] - Voir les articles 80 et 81 de la Constitution centrafricaine du 30 mars 2016

médiation, aux règles d'édition et de publication, au plan de développement de la RCA, à la protection de l'environnement, à la transparence, au code électoral, aux règlements intérieurs de l'Assemblée nationale et du Sénat, à la loi du règlement, à l'assiette, à l'émission de la monnaie, à l'état d'urgence, et aux jours fériés. En plus de ces règles, la Constitution a autorisé le pouvoir législatif à légiférer sur les principes fondamentaux tels que la propriété, l'enseignement, le droit de réunion, le droit de pétition, l'hygiène et la santé publique, la mutualité, la décentralisation, l'administration des collectivités territoriales, la défense nationale, la justice et le travail.

La Constitution a donc détaillé de façon exhaustive le domaine de la Loi en lui laissant un très large champ d'intervention qui sera source du Droit en RCA, et a confié les « autres matières » qui ne sont pas conférées à la compétence législative au pouvoir réglementaire[171], autrement dit, ce qui n'est pas du domaine législatif[172]. La Loi étant un acte voté par le Parlement, elle est promulguée par le Président de la République. Le domaine de la Loi est donc sans borne. C'est pourquoi une Loi peut concerner n'importe quel sujet et même s'appliquer à un cas particulier.

La procédure législative connue en RCA est consacrée par la Constitution qui dispose que « Le Parlement se prononce sur les projets de loi déposés sur le Bureau de chaque chambre par le Gouvernement ou sur les propositions de loi déposées par les membres du Parlement »[173]. Légiférer devient, donc, la mission à part entière des Assemblées parlementaires.

---

[171] - Voir article 81 de la Constitution centrafricaine du 30 mars 2016.

[172] - M. Bertrand, « La part de la loi, la part du règlement. De la limitation de la compétence réglementaire à la limitation de la compétence législative» *in Pouvoirs* 3/2005 (n° 114) , p. 73-87

[173] - Voir article 79 de la Constitution centrafricaine du 30 mars 2016.

Le régime politique en RCA n'est pas un régime de séparation tranchée des pouvoirs entre l'exécutif et le législatif tel qu'on l'énonce habituellement, c'est plutôt un régime de collaboration ou de participation de l'un au pouvoir de l'autre. C'est pourquoi la fonction législative ne peut pas être une prérogative exclusive du Parlement. Elle est partagée entre le Parlement et le Gouvernement, avec prééminence de ce dernier. L'initiative de la Loi, source du Droit, appartient alors soit au Gouvernement, soit aux membres du Parlement. Lorsque le texte émane du Gouvernement, il porte le nom de « projet de loi », et lorsqu'il est initié par les députés ou les sénateurs, il s'appelle « Proposition de loi ». Les projets et propositions de lois sont déposés sur les bureaux de l'Assemblé nationale et du Sénat. Ils sont examinés par les commissions compétentes avant leur discussion en séance plénière. Le lieu de dépôt est déterminé par le décret de présentation du projet. L'essentiel du travail s'effectue en commission. Pour chaque projet ou proposition de loi, la commission désigne un rapporteur pour présenter le rapport en séance plénière. La conférence des Présidents des deux Assemblées peut décider de l'envoi d'un texte aux commissions différentes : l'une pour examen au fond et l'autre pour avis.

Cependant, en RCA, force est de constater que c'est le pouvoir réglementaire qui règlemente tout. L'exécutif monte en puissance, comme si le Parlement déléguait son pouvoir législatif au Gouvernement pour élaborer les règles de Droit. Même s'il est prévu qu'au cours d'intersession parlementaire les députés peuvent déléguer au Président de la République le pouvoir d'édicter des mesures relevant du domaine de la loi[174], il paraît que c'est le Gouvernement qui maîtrise l'Assemblée nationale. Les

---

[174] - CE, 8 août 1919, *Labonne* ; CE, 26 juin 1959 ; CE, 26 juin 1959, *Syndicat général des ingénieurs conseils.*

relations entre les différentes institutions en RCA, particulièrement entre les organes composant le pouvoir exécutif et ceux composant le pouvoir législatif, sont déséquilibrées. Poser la question d'un équilibre éventuel entre le pouvoir exécutif et le pouvoir législatif revient à identifier une supériorité intervenant nécessairement dans le jeu de la production du Droit. Derrière la recherche d'un équilibre se cache la recherche de la nature des relations entre l'Assemblée nationale et le Gouvernement.

En RCA, personne ne s'est jamais exprimé sur un nécessaire équilibre entre l'exécutif et le législatif, encore moins sur le fait que celui-ci puisse surpasser celui-là. Au contraire, le pouvoir exécutif a toujours dominé. Les constituants ont constamment consacré la séparation des pouvoirs et des fonctions tendant à la réalisation d'un équilibre raisonnable des pouvoirs politiques au modèle français. Mais le poids de la tradition en faveur du pouvoir absolu, avec un chef absolu[175], fait que c'est aussi lui qui est le chef absolu du Droit. C'est pourquoi les propositions du Parlement demeurent très limitées dans le domaine du Droit et que, les amendements aux projets de Loi établissant une règle de Droit contribuent faiblement aux débats juridiques, sans véritable enjeu, à l'Assemblée nationale[176]. Le Professeur F.J. Aïvo affirme, à cet effet, que « Au lieu de la séparation des pouvoirs, l'observation des systèmes politiques africains laisse apparaître un alignement des pouvoirs »[177].

En fait, le Gouvernement est mieux informé que quiconque des autres institutions et des besoins du pays.

---

[175] - J. de Gaudusson, « Quel statut constitutionnel pour le chef de l'État en Afrique » *in Le nouveau constitutionnalisme. Mélanges en l'honneur de Gérard Conac*, Paris, Economica, 2001, p. 329-338.

[176] - F. Hourquebie, « De la séparation des pouvoirs aux contre-pouvoirs : l'esprit de la théorie de Montesquieu » *in* G. Vrabie (dir.), *L'évolution des concepts de la doctrine classique du droit constitutionnel*, Institul european, 2008, Iasi, Roumanie, p. 50-67.

[177] - F. J. Aïvo, « Les constitutionnalistes et le pouvoir politique en Afrique », *Revue française de droit constitutionnel* 2015/4 (N° 104), p. 783.

Compte tenu de la complexité des problèmes politiques, économiques, sociaux et culturels à résoudre, il est bien placé et mieux outillé que les parlementaires pour préparer des projets de lois pouvant offrir toutes les garanties d'efficacité. Le Gouvernement sera donc responsable des succès ou des échecs rencontrés. Pour que cette responsabilité puisse produire tous les effets attendus, le Gouvernement doit se situer à la fois en amont et en aval de la procédure législative.

Comment le Parlement, en RCA, peut-il alors effectivement jouer son rôle législatif du Droit ? Du fait de la persistance du poids de la tradition selon laquelle une seule personne, le Chef d'Etat, détient tous les pouvoirs, les notions d'élu et de législateur ne sont pas encore entrées dans les mœurs politiques en RCA. C'est donc au Chef d'Etat que revient le pouvoir d'élaborer les règles auxquelles la société doit se conformer, de les exécuter et de juger de leur bonne application. Face à une telle attitude politique, les parlementaires, une fois élus, se soucient beaucoup plus de leurs bonnes relations avec la Présidence que de jouer pleinement leur rôle de législateurs.

Le pouvoir législatif, en RCA, a un long chemin à parcourir[178] pour parvenir à la consécration du Droit au sens large. Il faut espérer que la mention « Peut mieux faire » continuera à motiver les parlementaires pour améliorer le système juridique en RCA. Le fonctionnement du pouvoir législatif ne deviendra plus efficace dans l'élaboration du Droit que si une administration parlementaire neutre, bien formée et bien informée, apporte son soutien au travail des élus. Du personnel spécialisé pour aider à l'élaboration du Droit et à la rédaction des amendements législatifs s'avère

[178] - P.-M. Gaudemet, « Le principe de la séparation des pouvoirs. Mythe et réalité » *in Recueil Dalloz*, 1961.

nécessaire pour assister les parlementaires dans leur mission de « faire le Droit ». Ce personnel doit avoir un statut lui permettant de ne pas dépendre du pouvoir en place, et recevoir un salaire décent qui le protège contre les inévitables tentatives de corruption de la part de groupes de pression.

Par ailleurs, les parlementaires ont besoin d'infrastructures en bureaux et en moyens informatiques qui pourront leur faciliter la tâche pour laquelle ils se sont engagés en acceptant d'être élus. Ils devront pouvoir communiquer avec leur électorat qui, à son tour, devra pouvoir les interroger régulièrement pour s'assurer que son intérêt est bien pris en compte. Tout ceci nécessite des moyens financiers importants, mais indispensables pour rendre efficace une des institutions cruciales de l'Etat de droit. La RCA devra également se doter de véritables services publics et d'institutions administratives qui veilleront à ce que les règles élaborées par les élus s'appliquent à tous, garantissant ainsi l'égalité devant la loi de tous les citoyens.

Il y a là une réelle opportunité d'apporter une assistance utile au bon fonctionnement du système parlementaire. Il s'agira en effet d'informer les élus de leur rôle en tant que parlementaires et, de mettre l'accent sur l'indépendance de l'institution Parlementaire à l'égard du pouvoir exécutif. Il faudra examiner le rôle des partis politiques à l'intérieur du parlement, ainsi que celui de l'opposition, tout en insistant sur le fait que, dans une démocratie parlementaire, la majorité d'aujourd'hui sera l'opposition de demain ; c'est pourquoi la majorité se devra de respecter l'opinion de la minorité.

B. La faible contribution de la jurisprudence et de la doctrine

La société centrafricaine est en mutation. De l'Indépendance à la reconstruction post-conflit aujourd'hui, en passant par l'expérience de la démocratie pluraliste des années 1990 et les différents soulèvements militaires qui ont entraîné sa décadence, la RCA a besoin d'un Droit fort pour organiser la vie en société. Ce Droit peut s'établir de façon progressive, en tenant compte des contraintes des réalités sociologiques. Si la Loi peut intervenir en amont pour régir les relations sociales et la vie publique, la contribution de la jurisprudence et de la doctrine pourraient être une nécessité. C'est dire que, quand il y a insuffisance de Droit écrit et que son interprétation pose problème, la jurisprudence et la doctrine constituent une ressource inépuisable et que leur intervention peut pousser à établir de nouvelles règles de Droit[179]. Les juristes sont d'ailleurs unanimes pour affirmer que la jurisprudence et la doctrine apparaissent comme source de Droit[180]. De quelle manière la jurisprudence et la doctrine peuvent-elle alors être un levier du Droit en RCA ?

La jurisprudence est déjà l'une des branches des missions de l'Etat dans la mesure où ses organes fonctionnels sont appelés à faire la loi, à l'exécuter et à rendre justice quand l'application de la loi soulèverait des questions de Droit. Autrement dit, pour que le Droit ait un sens dans l'organisation d'une société la réunion de trois acteurs est nécessaire : le législateur pour édicter les règles, le juge pour les appliquer et des spécialistes pour analyser les travaux des deux premiers. C'est donc davantage à la doctrine que revient la réflexion sur les

---

179 - A. Esmein, « La jurisprudence et la doctrine » *in RTD.Civ.*, 1902, p.5.

180 - P. Jestaz, C. Jamin, *La doctrine*, Paris, Editions Dalloz, 2004.

techniques du Droit, car elle influence l'élaboration, la construction et l'établissement du Droit[181]. Mais quels sont le rôle et la place de la doctrine dans l'arène juridique en RCA ?

A proprement parlé, la doctrine en RCA n'exerce pas trop d'influence sur l'évolution et la révolution, voire le revirement du Droit. Comme le reproche la pensée européenne aux acteurs juridiques africains, la doctrine a un « défaut de visibilité » qui lui donne un statut ambigu[182]. Cette ambigüité se manifeste par l'ambivalence de la prise de position de la doctrine : ses critiques sont souvent instrumentalisées pour se transformer soit en un soutien au pouvoir en place, soit en opposition aux décideurs. C'est dans ce sens que le Professeur .J.F. Aïvo pense que « La doctrine est desservie par elle-même et asservie par le politique. Elle est desservie par son accointance avec le pouvoir politique, car cette promiscuité abolit sa distance axiologique d'avec celui-ci. Sûre de son savoir, la doctrine s'insère imprudemment dans une relation privilégiée avec le pouvoir politique dont elle ne maîtrise pas toujours l'irrationalité et les contraintes »[183]. Le phénomène partisan affecte la noble mission de la doctrine à critiquer et à proposer des réformes au Droit.

Un doctrinaire de Droit est d'abord celui qui dispose d'une connaissance approfondie de la matière, stimulant pour participer à l'élaboration du Droit. Mais, il faudrait être titulaire d'un grade universitaire de haut niveau pour se permettre d'émettre « une opinion ayant autorité de doctrine »[184]. Les civilistes français disent que « La

---

181 - H. Batiffol, « La responsabilité de la doctrine dans la création du droit » *in RRJ*, n°10, 1981, p.175.

182 - F. Hourquebie, *La doctrine dans l'espace africain francophone*, Editions Bruylant/ LGDJ, 2014.

183 - F. J. Aïvo, « Les constitutionnalistes et le pouvoir politique en Afrique » : op.cit. p.789.

184 - *Ib*.p.3.

doctrine est, avant tout, un agent de diffusion et d'enseignement du droit positif »[185]. A cette catégorie pourraient se joindre les avocats et autres praticiens du Droit[186]. Il reviendrait ainsi à cet ensemble de juristes de critiquer et de proposer un système juridique non érigé jusque là.

La doctrine, qui est l'opinion des spécialistes, est donc le pilier sur lequel repose l'évolution du Droit. C'est ainsi qu'il faut entendre par doctrine les opinions des auteurs sur le Droit[187]. La RCA, en phase de reconstruction, a besoin de la contribution de la doctrine pour souder l'édifice d'un Etat de droit qui serait le reflet des aspirations de la population. Aujourd'hui, l'Etat en RCA connaît une structure sociale complexe, un marasme économique, une stabilité politique fragile. En plus de cette conjoncture compliquée, le Droit est quasi inexistant et les lacunes de la loi sont évidentes. C'est dans ce contexte que la doctrine doit renaître, se doter d'une autorité et influencer la reconstruction de la RCA par ses opinions juridiques. Elle pourrait d'abord jouer le rôle traditionnel qui lui est réservé, notamment l'interprétation du peu de Droit existant. Ensuite, à côté de cette fonction classique, les érudits de Droit pourraient se donner pour mission d'élaborer de nouvelles règles adaptées au mode de vie en RCA.

Si la Loi est la matière sur laquelle la doctrine s'engage à mener ses recherches, elle doit rester critique vis-à-vis de la jurisprudence. En effet, en l'absence de la Loi ou face à l'obscurité du texte, la jurisprudence se doit de combler le vide[188]. Le travail du juge est à cet effet d'appliquer le

---

185 - P. Malaurie et P. Morvan, *Droit civile. Introduction générale* Paris, 3ème édition Defrénois, 2009, p 378.

186 - J.-L., « Quand les avocats formaient les juristes et la doctrine » *in Droit*, n°20, *Doctrine et recherche en droit*, 1994, p.33.

187 - S. Guincard et T. Debard, *Lexique des termes juridiques 2016-2017*, Paris, 24ème édition Dalloz, 2016, voir « Doctrine ».

188 - La question des lacunes de la loi est traitée, en droit français, de façon négative. En

Droit au fait et au moyen d'un raisonnement syllogistique, que les juristes connaissent, où la règle de Droit tient lieu de majeure, la constatation du fait de mineure, et le jugement de conclusion. C'est pourquoi certaines branches du Droit ont une origine essentiellement prétorienne à l'instar du Droit administratif français élaboré depuis la fin du XIXe siècle par la jurisprudence du Conseil d'Etat[189]. Si le juge dégage un principe ou une règle nouvelle destinés à combler l'absence de disposition prise par le législateur, sa décision, une fois revêtue l'irrévocabilité, se transforme en une source de Droit. Ainsi, la jurisprudence et la doctrine viennent compléter le Droit dont l'élaboration doit être portée à la connaissance des justiciables.

Paragraphe 2. Les formulations usuelles de la connaissance du Droit

Peut-on demander aux Centrafricains de connaître tout le Droit ? Certes, le Droit est destiné à régir les conduites des individus dans la communauté. L'adage « *Nemo legem ignorare censetur* »[190], emprunté à la tradition latine, semble signifier que, dans une situation vécue par un justiciable, il doit connaître le Droit applicable[191].

---

effet, l'article 4 du code civil énonce que : « Le juge qui refusera de juger, sous prétexte du silence, de l'obscurité ou de l'insuffisance de la loi, pourra être poursuivi comme coupable de déni de justice. » Ainsi la possibilité d'une lacune de la loi en tant qu'elle constituerait un « vide juridique » qui priverait le juge de la possibilité de juger n'est envisagée par le droit que comme un prétexte dont le droit interdit au juge de tirer argument pour s'abstenir de juger. En interdisant au juge de constater une lacune, le droit français n'en reconnaît pas l'existence.

[189] - « Considérant que la responsabilité, qui peut incomber à l'État, pour les dommages causés aux particuliers par le fait des personnes qu'il emploie dans le service public, ne peut être régie par les principes qui sont établis dans le Code civil, pour les rapports de particulier à particulier ; Que cette responsabilité n'est ni générale, ni absolue ; qu'elle a ses règles spéciales qui varient suivant les besoins du service et la nécessité de concilier les droits de l'État avec les droits privés ; » - TC, 8 février 1873, *Blanco*.

[190] - « *Nul n'est censé ignorer la loi* ».

[191] - M. Hauriou, *Précis de droit administratif et de droit* public, Paris, Editions Dalloz, 2002, p. 571.

Autrement dit, on ne peut pas ignorer l'existence de la Loi qui édicte des interdits, reconnaît aux individus des droits et leur impose des obligations à un moment donné et dans un pays déterminé. Tout Homme a le droit de connaître ses droits. Mais avec la pléthore des règles de Droit en vigueur, il est très difficile pour chaque citoyen de se repérer dans l'ordre juridique étatique, ce qui pose le problème de l'accessibilité au Droit. Le citoyen, en RCA, prend connaissance du Droit à travers la technique de la publication (A) et de la notification (B).

A. La publication

Les règles de Droit sont nombreuses et souvent complexes, et seuls les professionnels de la justice et du Droit qui maîtrisent le langage juridique en ont véritablement la connaissance et la maîtrise exhaustives. L'accès au Droit peut signifier d'une part la possibilité d'accéder matériellement au système juridique et, d'autre part, la question de l'intelligibilité du droit et de sa compréhension par le citoyen. En réalité, la distinction opérée trace la frontière entre accéder au Droit et le comprendre. L'accès au Droit se présente ainsi comme l'application effective du Droit pour que le citoyen puisse en jouir[192].

Mais, aujourd'hui encore en RCA, un effort important est nécessaire pour rapprocher le citoyen du Droit. L'accès à ce Droit bute sur de sérieux problèmes liés non seulement à son entrée en vigueur, mais aussi à la

---

[192] - Le fondement de ce « droit au droit » pourrait se trouver dans l'article 7 de la Déclaration universelle des droits de l'homme : *« Tous sont égaux devant la loi et ont droit sans distinction à une égale protection de la loi. Tous ont droit à une protection égale contre toute discrimination qui violerait la présente Déclaration et contre toute provocation à une telle discrimination »* *in* « Déclaration universelle des droits de l'homme » adoptée et proclamée par l'Assemblée générale des Nations Unies dans sa Résolution 217 A (III) du 10 décembre 1948 (30 Articles) *in* P.- M. Dupuy, *Les grands textes de droit international public*, Paris, 4ème édition Dalloz, 2004, p.7.

difficulté de se procurer l'information juridique, alors que l'information publique des lois et des règlements est le canal qui facilite l'accessibilité au Droit[193].

L'entrée en vigueur des normes juridiques, qui est un principe général du droit dégagée par la jurisprudence française pour déterminer la façon dont les actes législatifs et réglementaires prennent effet, est la date à laquelle un texte normatif acquiert sa validité[194]. L'auteur de la norme a l'obligation de publier dans un délai raisonnable l'acte qu'il édicte. La procédure d'entrée en vigueur des actes juridiques en RCA a été déterminée par une règlementation qui s'inspire du droit français[195]. Pour que les normes s'intègrent dans l'ordonnancement juridique, elles doivent respecter les principes qui découlent, en Droit français, du décret-loi du 5 novembre 1870 relatif à la procédure d'entrée en vigueur des textes législatifs et administratifs[196].

Ainsi, les lois entrent en vigueur, sur tout le territoire de la RCA, le jour qu'elles fixent ou à défaut le lendemain de leur publication au Journal Officiel. Seul le Président de la République est habilité à donner effet aux actes législatifs par le mécanisme de la promulgation, comme l'énonce la Constitution : « Le Président de la République promulgue dans les quinze (15) jours qui suivent l'adoption définitive du texte par l'Assemblée nationale. Ce délai est réduit à cinq (5) jours en cas d'urgence

---

193 - En France, depuis le 1er janvier 2016, le *Journal officiel* est exclusivement numérique et accessible depuis www.legifrance.gouv.fr.

194 - cf. CE, 12 décembre 2003, *Syndicat des commissaires et hauts fonctionnaires de la police nationale*.

195 - cf. Décret n°7 du 24 avril 1959 fixant à titre provisoire les règles de publication des lois, ordonnances, décrets et arrêtés *in J.O. AEF* du 30 juin 1959, p.1126.

196 - En France, jusqu'en 2004, le décret du 5 novembre 1870 fixait l'entrée en vigueur d'une loi, à Paris, au jour suivant sa promulgation et dans le reste de la France, au lendemain du jour de réception du Journal official dans le chef-lieu d'arrondissement. L'ordonnance du 20 février 2004 ; abrogeant le décret de 1870 et appliquée depuis le 1er juin 2004, a établi les nouvelles règles. La publication des lois est, par ailleurs, assurée par une édition papier et une nouvelle version électronique.

déclarée par l'Assemblée nationale »[197]. La promulgation, qui marque le début de l'entrée en vigueur des actes législatifs, est un décret signé par le Président de la République pour rendre exécutoire un texte de loi adopté par le Parlement[198]. Il ne dispose pas d'un choix pour l'entrée en vigueur de la loi. Mais, bien souvent, la fixation d'une date d'entrée en vigueur va de pair avec la définition de modalités particulières destinées à prendre en compte l'existence de situations en cours[199]. La formule de promulgation dépend de la manière dont la loi a été votée précisant par exemple si l'Assemblée nationale a eu le dernier mot ou si la Cour constitutionnelle a été saisie. Mais, une fois que la promulgation a été faite, il manque encore un élément pour que les actes législatifs entrent en vigueur : la publication.

En RCA, la publication est l'insertion au Journal Officiel sur support papier. La publication des lois au Journal Officiel est nécessaire pour qu'une disposition législative produise un effet juridique car elle « porte un acte législatif à la connaissance de l'administration et du public »[200]. Désormais, le texte est opposable.

Selon la procédure normale en France, les lois ou les ordonnances sont exécutoires sur le territoire de la République et dans chaque sous-préfecture, un jour franc après l'arrivée au chef-lieu du district du Journal Officiel où ils sont publiés. L'arrivée au chef-lieu s'entend du jour de la réception du Journal Officiel par le bureau de la Préfecture ou de la sous-préfecture. En pratique, les lois sont exécutoires dans la capitale un jour franc après leur insertion au Journal Officiel, sur le reste du territoire, les

---

[197] - Article 40 de la Constitution du 30 mars 2016.

[198] - cf. S. Guincard et T. Debard, *Lexique des termes juridiques 2016-2017*,: op.cit.voir « Promulgation ».

[199] - G. Carcassonne, « La législation » *in* R. Darnton et O. Duhamel (dir.), *Démocratie*, Paris, 5ème édition du Rocher, 1998, p.178-182.

[200] - G. Cornu, *Vocabulaire juridique*, Paris, 11ème édition Presses Universitaires de France, coll. « Quadrige », 2016voir « Publication ».

actes normatifs sont exécutoires un jour franc après l'arrivée du journal officiel au chef-lieu des circonscriptions administratives. Mais la RCA possède une spécificité : la radio et la télévision remplacent les modes traditionnels de diffusion du Droit. Les difficultés de fonctionnement de l'Administration, la carence de papier et du matériel pour produire en grande quantité les Journaux Officiels, la caducité des infrastructures routières font que les Lois sont lues à la radio et à la télévision nationales, lecture du texte qui se termine par « partout où besoin sera ». En cas de panne technique de la radio et de la télévision, qui ne couvrent d'ailleurs pas l'ensemble du territoire, les administrés restent dans l'ignorance de la Loi établie. A *contrario* certains actes juridiques sont directement notifiés aux intéressés.

B. La notification

La notification concerne, en général, des actes administratifs unilatéraux qui vont des décrets aux différentes notes de service en passant par des décisions et des arrêtés. Tous les actes réglementaires, autres que les décrets du Président de la République, suivent donc le régime fixé par le décret-loi français du 5 novembre 1870 pour leur entré en vigueur[201]. Pour les actes qui ne font pas l'objet d'une publication, la date d'entrée en vigueur, en l'absence de dispositions expresses qu'ils peuvent toujours prévoir, est celle de leur publication.

Mais, le régime des actes réglementaires individuels fait la différence entre « normes de droits » et « normes d'obligations ». Dans le premier cas, l'acte lie son auteur dès sa signature, sans qu'aucune mesure officielle d'information ne soit nécessaire[202]. Cette solution trouve

---

[201] - CE, Sect. 19 juin 1959, *Cazes*.

[202] - CE, Sect. 19 septembre 1952, *Delle Mattéi in Rec.*p.594 ; CE. 27 juillet 2001, *Ass. De droit all. Stiftung Arp und Sophie taeuber*, n°224032.

sa justification dans le fait que l'auteur de l'acte, connaissant son contenu dès sa signature, se trouve obligé dès cette date. Dans le second cas, la décision ne devient obligatoire que par sa notification à la personne concernée. Il s'en suit que, dans les cas où un acte réglementaire individuel doit faire l'objet d'une publication en raison de sa forme, celle-ci ne dispense pas nécessairement de le notifier en raison de son contenu. Ainsi, en est-il des décrets ayant la nature de mesure individuelle publiés au Journal Officiel[203]. Publication et notification peuvent être, dans un certain nombre de cas, prévues conjointement. Tel est le cas des décisions individuelles pour lesquelles, outre la notification à leur destinataire, est expressément prévue une forme de publication propre à préserver les droits des tiers.

La mesure de publicité marque donc l'entrée en application de l'acte. Sont ainsi publiés au Journal Officiel les actes réglementaires des autorités centrales, c'est-à-dire les décrets du Président de la République. Lorsque la décision concerne un grand nombre de destinataires, il est admis que la mesure se fasse par le biais d'une publication à la radio et à la télévision, ou, en cas d'impossibilité de la poste pour envoyer la version papier, l'agent public se verra notifier sa décision dans son service par voie d'affichage s'il s'agit d'une sanction. Par contre, s'il s'agit d'actes créateurs de Droit tels qu'un arrêté de nomination ou d'un titre foncier, c'est l'ayant-droit qui doit de s'en procurer un exemplaire.

Ainsi, la majeure partie des normes juridiques en RCA est mal connue des citoyens, mais aussi de l'Administration et même du pouvoir judiciaire. Dès lors, il est difficile de déterminer avec précision quel est le Droit positif de la RCA, c'est-à-dire quelles sont les normes juridiques qui régissent effectivement la société

---

[203] - CE, Sect. 28 janvier 1966, *Braeckmann in Rec.*p.67.

centrafricaine[204]. Il est quasiment impossible de se procurer une copie des actes juridiques, seuls quelques textes sont conservés par la Direction des archives nationales, de la Documentation et du Journal Officiel qui siège à la Présidence de la République[205]. D'autres se trouvent, probablement, dans les archives des divers départements ministériels, mais la majeure partie de ces actes non diffusés demeure introuvable. Détenus, bien souvent, à un seul exemplaire par un service de Secrétariat général du Gouvernement, les actes non publiés qui sont pris actuellement, sont d'un accès et d'une consultation particulièrement difficiles. Les versions papiers du Droit ont disparu lors des pillages occasionnés par les crises militaro-politiques.

Les méthodes de diffusion du Droit, allant de la radio aux Journaux Officiels, ont toujours eu pour but de permettre la circulation de la règle de Droit. Lorsque les moyens de diffusion du Droit s'avèrent insuffisants ou superficiels, les capacités d'accès aux sources primaires de celui-ci en deviennent par là même caduques. Le contenu des mesures n'a guère d'intérêt si la norme n'entre jamais en vigueur. Cette insuffisance dans la diffusion des sources est malheureusement largement répandue en RCA, avec pour conséquence une contribution au renforcement des difficultés sociales et économiques, notamment en accroissant les inégalités sociales ainsi que l'insécurité juridique.

---

[204] - L'Association Henri CAPITANT définit le droit positif comme un « ensemble des règles de droit en vigueur dans un pays donné à un moment donné ». – cf. – G. Cornu, *Vocabulaire juridique*, Paris, 8ème édition Quadrige/P.U.F., Association Henri Capitant, 2007, voir « Droit positif », p. 695.

[205] - Cette direction est rattachée au Secrétariat général du Gouvernement.

Cette situation, loin d'être irrémédiable, pose la question du mode de diffusion et de circulation de l'information sur l'ensemble du territoire. L'Etat doit donc financer la diffusion du Droit en RCA en augmentant considérablement sa contribution au fonctionnement du service public de la justice.

Section 2. La contestation d'un Droit devant le juge

« La justice c'est rendre à chacun ce qui lui est dû »[206]. Cette pensée du philosophe grec, Aristote, signifie que la justice consiste à attribuer à chacun ce qui lui revient de droit. Mais cette pensée relève de la justice sociale qui évoque l'idée d'une équitable distribution. Autrement dit, chacun sait ce qu'il est, ce qu'il vaut et ce qui lui revient de droit dans la société. Or on veut évoquer l'hypothèse où, dans une société, un acte et ou un fait produisent un conflit. Le Droit est convoqué pour trancher, d'où la nécessité de se doter d'une justice en tant qu'institution qui puisse être amenée à appliquer le Droit en fonction des intérêts en cause[207].

C'est pourquoi il convient de voir comment en RCA une « querelle » est portée devant la justice pour être tranchée par un juge. Pour rappel, le principe de la séparation des pouvoirs dégagé par Montesquieu reconnaît dans un Etat, l'existence de trois pouvoirs : à côté du pouvoir législatif et du pouvoir exécutif, les juges sont appelés à œuvrer en appliquant la loi, constituant aujourd'hui ce qu'on appelle le « pouvoir judiciaire ». Constitutionnellement, en RCA, le juge est l'agent qui a le pouvoir de juger en conformité avec la loi. De ce pouvoir

---

206 - Aristote (Trad. Jules Barthélemy-Saint-Hilaire, revue par Alfredo Gomez-Muller, préf. Alfredo Gomez-Muller), *Ethique à Nicomaque*, Paris, Editions Le Livre de Poche, coll. « Les Classiques de la philosophie », 1992, Livre V : La vertu de la justice

207 - L. Cadiet, « JUSTICE - Les institutions » *In Universalis éducation* [en ligne]. Disponible sur http://www.universalis-edu.com/encyclopedie/justice-les-institutions/

consacré par la Constitution, l'existence d'un juge est nécessaire pour accomplir sa mission de dire le Droit. Si l'on prend en considération la fonction de juger (Paragraphe 2), il convient alors d'aborder au préalable l'existence du juge (Paragraphe 1).

Paragraphe 1. L'existence d'un juge

La RCA a adopté le principe de dualisme des juridictions. La structure organisationnelle et fonctionnelle des tribunaux se présente à la manière d'un diptyque avec, d'un côté les juridictions de l'ordre judicaire au sommet desquelles se situe la Cour de cassation, et de l'autre côté les juridictions de l'ordre administratif chapeautées par le Conseil d'Etat. Ce dualisme s'inspire de la tradition française. L'existence d'un juge, tant administratif que judiciaire, est nécessaire pour assurer un bon gouvernement. La reconstruction de la RCA, sortant d'un conflit meurtrier, ne peut se produire sans l'aide du juge. Comment cette aide peut-elle se manifester ? Le juge centrafricain peut-il efficacement contribuer au rétablissement de l'Etat de droit ? Si le juge a pour mission à la fois d'appliquer la loi et de rendre la justice, disposera-t-il des moyens juridiques, statutaires et matériels pour accomplir cette mission ? Le juge centrafricain doit donc tirer sa force non seulement de son statut (A), mais aussi de la garantie qui entoure sa fonction de juger (B).

A. La protection statutaire du juge assurée

Le juge est un fonctionnaire de l'Etat centrafricain dont le statut est géré par le Ministère de la justice. Son recrutement, sa nomination et sa promotion ainsi que la gestion de sa carrière sont régis par un organe particulier de l'Etat : « Le Conseil Supérieur de la Magistrature, la Commission Consultative du Conseil d'Etat et de la Conférence des Présidents et du Procureur Général de la Cour des Comptes veillent sur la gestion de la carrière des Magistrats et sur l'indépendance de la Magistrature »[208].

En RCA, l'administration de la justice a été établie par les différentes Constitutions et les lois organiques statutaires subséquentes adoptées progressivement depuis 1959 jusqu'à nos jours[209]. Au terme des différents textes, l'organisation et le fonctionnement de la justice y sont déterminés. Dans la plupart des cas, le Droit interne se réfère abondamment aux instruments internationaux en reproduisant *in extenso* les dispositions des normes de Droit international. Mais l'existence d'un juge n'est pas en débat, la difficulté vient plus nettement de l'accès du justiciable à ce juge. Autrement dit, la question encore irrésolue est celle d'une « justice de proximité » qui permettrait aux justiciables d'y recourir plus facilement grâce à une meilleure compréhension de la procédure épurée de ces expressions pour partie hermétiques.

La Loi n°95.010 du 23 décembre 1995 portant organisation judiciaire en RCA traite des droits et des obligations du juge ainsi que de sa carrière. En effet, le juge centrafricain qui satisfait aux conditions de

---

[208] - Article 109 alinéa 2 de la Constitution du 30 octobre 2016.

[209] - Voir entre autres Loi n°95.010 du 23 décembre 1995 portant organisation judiciaire en République Centrafricaine ; Loi organique n°95.0011 portant organisation et fonctionnement de la Cour de cassation en République Centrafricaine du 23 décembre 1995 ; Loi n° 96-015 portant Statut de la magistrature de l'ordre judiciaire en République Centrafricaine ; Loi n° 96.029 portant statut des juges de l'ordre administratif en République Centrafricaine.

nomination et de recrutement fait sa carrière en espérant bénéficier d'avancements et de garanties de carrière. Il occupe, comme tout autre fonctionnaire et agent de l'Etat centrafricain, des positions déterminées. Il quitte ses fonctions selon les modalités prévues par la loi, entre autres la retraite, la démission, la radiation pour faute grave ou le décès.

Le Titre VII de la Constitution dénomme l'appareil de justice par « Pouvoir judiciaire » à côté des deux autres organes de l'Etat que sont le pouvoir législatif et le pouvoir exécutif. Le problème n'est pas de savoir quelle est la place assignée aux juridictions dans l'organisation des pouvoir publics, sinon, il suffit de reprendre le vieux débat si les juges centrafricains constituent un pouvoir ou une autorité. En ce sens, R. Badinter, en France, estime « Que ceux qui rendent la justice constituent un corps ou une autorité importe moins que les dispositions qui définissent l'organisation et les garanties judiciaires. Car à travers elle se révèle clairement l'idée que se fait le constituant de la puissance de juger »[210].

La puissance de juger ! Voilà une expression qui mérite une analyse en référence au factuel en RCA. Le statut du juge centrafricain, quel qu'il soit, est fondé sur le vocable de « puissance ». Autrement dit, l'intervention d'un juge doit avoir une « force » et une « autorité » pour soit infléchir le politique, soit révolutionner le fonctionnement normal des institutions, soit encore bouleverser le cours de la vie en société à travers sa décision. En est-il vraiment ainsi en RCA ?

La puissance du juge est ambiguë. Le juge appartient à un corps administratif dont il tire sa puissance de juger. Alors qu'il dépend de l'Etat qui gère sa carrière liée à son recrutement, à sa nomination et à sa promotion, il a été

---

[210] - R. Badinter, « La Conseil constitutionnel et le pouvoir constituant » *in Mélanges Jacques Robert*, Paris, Editions Montchrestien, 1998, p.222.

investi de la mission de contrôler, de juger et de punir l'Etat au même titre que les particuliers. La puissance du juge réside dans deux principes cardinaux de la justice à savoir l'indépendance et l'impartialité sans lesquelles il n'y a point de justice.

En effet, la Constitution est claire quand elle assigne au juge centrafricain la mission de trancher les litiges et, de surcroît, de protéger les citoyens contre les violations de leurs droits et de leurs libertés. La Constitution commence par affirmer que « Nul peut être arbitrairement arrêté ou détenu »[211], poursuivant en disant que « La liberté est inviolable »[212], et pour finir en disant que « Le Pouvoir Judiciaire, gardien des libertés et de la propriété, est tenu d'assurer le respect des principes consacrés comme bases fondamentales de la société par la présente Constitution »[213]. Au niveau de son statut tel qu'il ressort de la Constitution, le juge n'échappe pas à une légère mainmise du pouvoir exécutif. Si le Président de la République « est le garant de l'indépendance du Pouvoir Judicaire »[214], les juges sont sous le contrôle d'un Conseil national de la magistrature présidé par le Chef de l'Etat.

Si tous les juges sont investis du pouvoir de juger, ils n'ont pas la même tâche dans la fonction de juger, quand bien même ils ont le même statut. Le pouvoir judiciaire en RCA comprend des juges du Conseil d'Etat, de la Cour de cassation, de la Cour des comptes, ainsi que les magistrats de l'Administration centrale du Ministère de la justice parmi lesquels il convient de citer les juges de la Cour constitutionnelle même s'ils ne font pas partie à proprement parler du pouvoir judiciaire. Les juges sont soit recrutés, soit nommés. Le recrutement se fait par la voie d'un concours parmi les candidats titulaires d'une

---

211 - Article 4 de la Constitution du 30 mars 2016.

212 - Article 5 de la Constitution du 30 mars 2016.

213 - Article 110 de la Constitution du 30 mars 2016.

214 - Article 109 de la Constitution du 30 mars 2016.

Maîtrise en Droit, d'un Master 1 en Droit ou d'un diplôme jugé équivalent par la commission de recrutement, tandis que la nomination a lieu sur titre après avis du Conseil supérieur de la Magistrature. Sont concernés par ce procédé les avocats ayant au moins dix ans d'exercice professionnel, les greffiers titulaires d'une Maîtrise ou d'un Master en Droit après avoir passé dix ans au moins d'exercice de profession et les Professeurs de Droit qui ont eu dix ans d'expérience dans l'enseignement. Dans les deux cas, recrutement et nomination, le juge intègre le corps des magistrats. Son entrée est entérinée par un décret du Président de la République sur proposition du Ministre de la justice et après avis du Conseil supérieur de la magistrature. L'entrée en fonction est précédée par une cérémonie de prestation de serment.

La carrière du juge centrafricain comporte un grade et un titre « hors hiérarchie ». Le juge débute sa carrière dans un emploi de premier grade. Pour accéder au grade suivant, il lui faut une ancienneté de trois ans. Les nominations dans un emploi de grade supérieur ne sont pas dues à un simple choix. Le titre de « hors hiérarchie » est décerné aux juges nommés aux Cours d'appels, à l'Administration centrale du Ministère de la justice et aux juridictions spécialisées[215]. Les premiers Présidents de Cour d'Appel, les Procureurs près lesdites cours ainsi que les Directeurs à l'Administration centrale du Ministère de la justice ne peuvent être choisis que parmi les magistrats classés hors hiérarchie. De même, les Conseillers d'État et les Conseillers à la Cour de Cassation sont choisis parmi les magistrats ayant exercé en qualité de titulaires un emploi hors hiérarchie pendant quatre ans au moins.

---

215 - Voir entre autres Loi n°95.010 du 23 décembre 1995 portant organisation judiciaire en République Centrafricaine ; Loi organique n°95.0011 portant organisation et fonctionnement de la Cour de cassation en République Centrafricaine du 23 décembre 1995 ; Loi n° 96-015 portant Statut de la magistrature de l'ordre judiciaire en République Centrafricaine.

De façon générale, les magistrats doivent, pour être promus au grade supérieur, avoir douze ans d'ancienneté dans le grade et être inscrit au tableau d'avancement. Les chefs de cours envoient périodiquement au Ministre de la Justice des propositions d'avancement. Ce dernier en arrête la liste qu'il adresse au Conseil supérieur de la magistrature qui dresse le tableau d'avancement à raison du nombre de postes vacants signalés par le Ministre. Les listes de propositions sont portées à la connaissance des magistrats qui peuvent introduire une requête auprès du Président et des autres membres du Conseil supérieur de la magistrature en vue de leur inscription

Le législateur centrafricain, comme son homologue français, a distingué trois catégories de juges dans l'organisation judiciaire. Dans la première catégorie, il y a les magistrats qui ne sont pas des juges, mais un ensemble de corps qui forme l'organe de poursuite. Il s'agit des magistrats du parquet qui sont placés sous la direction et le contrôle de leurs chefs hiérarchiques et, sous l'autorité du Ministère de la justice. Dans leur mission de préserver l'ordre public dans la société, les procureurs poursuivent l'instruction et requièrent par écrit dans le sens déterminé par leurs chefs hiérarchiques. Le Ministère de la justice peut, dans l'intérêt de la société, déplacer un magistrat du parquet vers le juge du siège et vice-versa.

Les juges d'instruction forment la seconde catégorie de magistrats. Dans leur mission, ils sont chargés d'instruire un cas de trouble à l'ordre public « à charge » et « à décharge »[216]. Les juges d'instruction travaillent avant le procès pénal en vue de rassembler tous les éléments permettant de déterminer si les charges à l'encontre des personnes poursuivies sont suffisantes pour que celles-ci soient jugées[217].

---

[216] - Voir article 81 du Code de procédure pénale.

[217] - R. Van Ruymbeke, *Le juge d'instruction*, Paris, Paris 5ème édition Presses universitaires de France, coll. « Que sais-je », 2008.

Enfin, il y a une troisième catégorie de juges que sont les magistrats dont le rôle consiste le plus souvent à trancher le litige en faisant application de la loi. Il s'agit des juges du siège qui, assis, ordonnent une décision. La particularité de cette dernière catégorie de juge réside dans l'indépendance et l'inamovibilité dont elle jouit. Ce qui veut dire que le juge du siège ne reçoit aucune instruction sur la décision qu'il va prendre. La Constitution énonce clairement que « Les juges sont indépendants. Ils ne sont soumis, dans l'exercice de leurs fonctions, qu'à l'autorité de la loi. Les Magistrats du siège sont inamovibles »[218]. L'indépendance est donc le noyau dur du statut des juges du siège.

Plusieurs définitions ont été données à ce concept d'indépendance, mais l'approche la mieux indiquée est celle contenue dans la Déclaration adoptée à New Delhi en 1981, lors de la 19ème Conférence de l'Association du barreau international, sous le nom « Normes minima de Delhi » sur l'indépendance du pouvoir judiciaire qui retient deux postulats : l'indépendance du pouvoir judiciaire en tant qu'organe institutionnel et l'indépendance du juge en tant qu'individu. L'indépendance est à l'évidence essentielle dans la mesure où elle énonce clairement ce que tout justiciable redoute. Elle vise aussi bien des interventions de la chancellerie, des détenteurs de pouvoir, que des manœuvres de la part de personnes physiques ou morales et des puissances de l'argent. L'indépendance des magistrats vis-à-vis des puissances financières doit être soulignée. Déjà, La Fontaine se plaignait du fait que « selon que vous soyez puissant ou misérable, les jugements de cour vous rendront blanc ou noir »[219].

---

[218] - Article 108 alinéa 1er de la Constitution du 30 mars 2016.

[219] - J. De La Fontaine, *Les animaux malades de la peste*, Première fable du Livre VII, 1678.

Les magistrats doivent être à l'abri sur le plan matériel et financier par des conditions de travail et de vie décentes. Cette indépendance est à envisager à double niveau : d'un côté, il s'agit de l'indépendance du juge vis-à-vis des deux autres pouvoirs constitués à savoir le législatif et l'exécutif. Non seulement le législatif et l'exécutif ne doivent pas affirmer leur emprise sur le pouvoir judiciaire qui essaie tant bien que mal d'y échapper en RCA, mais encore le politique ne doit pas porter atteinte à ce principe d'indépendance par des pressions, des promesses et des critiques. Le législatif et l'exécutif ne doivent pas non plus édicter des lois et règlements qui altèrent l'indépendance de la magistrature. L'autre pôle de l'indépendance des juges vise leur relation avec les justiciables.

Les juges, qu'ils soient du parquet, de l'instruction ou du siège, constituent la figure emblématique de l'Etat de droit. Dans un Etat qui se veut Etat de droit, seuls les juges constituent un rempart contre les abus autoritaires dont se plaignent les citoyens. Car la règle de Droit à laquelle sont soumis à la fois les autorités et les citoyens est sanctionnée par un juge. Ce dernier, par sa connaissance du Droit, par son prestige dans la société et surtout par son impartialité, constitue un rempart contre tout éventuel dérapage dû soit à l'abus, soit à l'illégalité. Ceci pour dire que le juge est, dans une société organisée, la seule autorité investie du pouvoir de dire le Droit, de créer un revirement et d'appliquer la Loi aux citoyens qu'ils soient riches ou pauvres, faibles ou puissants. En RCA, une redéfinition du rôle et de la place dans les pouvoirs constitués de l'Etat s'avère nécessaire pour la réhabilitation du concept de l'Etat de droit. Nul n'ignore que la justice est l'une des institutions sur laquelle repose la sécurité des citoyens. Si la justice est mal rendue les juges perdent leur crédibilité.

B. La garantie de la fonction du juge insuffisante

La Constitution de la RCA, à l'instar de la plupart des Constitutions des Etats, prévoit un cadre dans lequel sont répartis et gérés les rapports de force entre les différentes institutions de l'État. La Constitution répartit les pouvoirs aux diverses institutions de l'État et définit les limites dans lesquelles s'exercent ces pouvoirs. Or, il ne suffit pas seulement d'établir les limites des pouvoirs dévolus aux diverses institutions de l'État, mais il est également nécessaire de veiller à ce que ces limites ne soient pas franchies. Montesquieu avait écrit à ce propos que « tout serait perdu, si le même homme ou le même corps des principaux, ou du peuple exerçaient les trois pouvoirs, le pouvoir exécutif, le pouvoir législatif et le pouvoir judiciaire »[220], d'où le principe de la séparation des pouvoirs. La transgression des limites dans l'exercice des pouvoirs exécutif et législatif doit être freinée et surveillée par le pouvoir judiciaire.

Il est donc absolument essentiel que le pouvoir judiciaire soit totalement libre de toute pression ou influence de la part du pouvoir exécutif et qu'il défende vigoureusement son indépendance.

Quel que soit le chemin qu'on entreprend pour parler de la fonction du juge en RCA on finira par faire un constat amer commun à toutes les études : le juge centrafricain éprouve de sérieuses difficultés pour « dire » le Droit. Par delà même, c'est le service public de la justice qui « fonctionne mal ». Sans un juge, l'affirmation et la consolidation de l'Etat de droit resteront uniquement dans la rhétorique politique[221]. Vu la situation sécuritaire

---

220 - Montesquieu, *De l'Esprit des lois*, Paris, Editions Ellipses Marketing, coll. « Philo-Œuvres », 2015, Livre XI : Des lois qui forment la liberté politique dans son rapport avec la constitution, Chapitre VI : De la constitution d'Angleterre.

221 - J-Y. Morin, « L'État de droit : émergence d'un principe du droit international » *in RCADI*, 1995, n° 254, p. 158-164.

délétère depuis près de trois décennies, le juge est aussi pris à partie et accusé d'incompétence pour assurer la sécurité par sa décision. C'est pourquoi les juges sont taxés de partialité, de corruption et surtout de négligence.

Dans sa fonction, la question de la sécurité du juge ne peut être valablement traitée sans évoquer les réalités politiques, sociologiques, économiques, financières et matérielles qui entourent sa vie quotidienne. Autrement dit, la condition d'existence du juge est devenue de plus en plus problématique dans la situation actuelle caractérisée par la crise multiforme qui ternit l'image de la RCA et chacun est conscient de la dégradation des conditions de vie des juges centrafricains. C'est l'occasion d'évoquer l'idée que les conditions matérielles et sociologiques dans lesquelles le juge exerce sa mission influencent son indépendance et l'efficacité de son contrôle.

En effet, le juge centrafricain se trouve confronté à la même « galère sociale » que les autres catégories socioprofessionnelles. L'insuffisance de la garantie de sa fonction concerne surtout la rémunération, la protection et l'honneur. Même si la Loi organique ne le prévoit pas expressément, les juges sont protégés contre les menaces et attaques de quelque nature que ce soit dont ils peuvent faire l'objet dans l'exercice de leur fonction. Toutefois, plusieurs dispositions protègent les juges dans l'exercice de leur fonction. Ainsi, les outrages sont punis. Il en est de même de ceux qui cherchent publiquement à jeter le discrédit sur une décision de justice visant aussi à porter atteinte à l'autorité de la justice.

Le juge centrafricain tire l'essentiel de son revenu de l'exercice de sa fonction. Son salaire est composé d'une part d'un traitement mensuel déterminé par un niveau indiciaire fixé par sa position hiérarchique et son ancienneté et, d'autre part, par une indemnité de fonction. Le corps des juges fait partie des fonctionnaires les mieux payés en RCA. Malgré tout, la rémunération du juge demeure insuffisante. Le paiement retardé du salaire, la crise militaro-politique, la cherté de la vie quotidienne justifient la demande croissante d'une revalorisation du traitement des juges. Le juge centrafricain vit aujourd'hui dans un environnement politique, économique et social en ébullition. La guerre a entraîné la fermeture des Cours et tribunaux. Le pillage et les destructions ont fait disparaître bon nombre d'actes de justice. L'appartenance à une ethnie, à une religion, à une région, peut influer sur l'office du juge. Ce dernier subit des pressions de toute part, surtout économiques et ethniques.

Enfin, le manque de documentation scientifique et de moyens matériels sont autant d'insuffisances qui freinent le bon fonctionnement des offices du juge. Le juge centrafricain a besoin d'un local pour travailler, d'une machine à écrire et d'ordinateurs. Le siège de la plupart des juridictions est exigu, vétuste et inadapté. Les nouveaux magistrats sont sans moyens de travail, ils ne disposent pas de bureaux et en sont réduits à faire la navette entre leur domicile et le tribunal. La mission de juger n'est pas aisée en RCA. Il apparaît donc nécessaire d'élaborer une politique judiciaire visant à donner plus de moyens au juge afin de lui permettre d'exécuter sa tâche et de maintenir la société dans la paix à travers sa décision. Ceci nécessite un budget conséquent favorable à la revalorisation de la justice. Si la justice est dépourvue de moyens financiers, matériels et humains le risque de son déni est grand. C'est ainsi que devant la perte de valeur de l'institution qu'est la justice, on assiste à la persistance de la justice privée, de la justice traditionnelle et des exécutions extrajudiciaires.

Paragraphe 2. La mission du juge

La mission de juger assignée au juge par la Constitution et les textes subséquents est une entreprise colossale. La justice en RCA est organisée selon les règles de forme et de procédure identiques à celles qui existent en France. En ce sens, le juge interprète la loi, évalue la preuve de l'affaire dont il est saisi et contrôle le déroulement de l'instruction, de l'enquête et du procès. Le juge est d'abord et avant tout celui qui part à la recherche de la vérité pour asseoir la justice et être un faiseur de paix. Le système judiciaire en RCA est une justice contradictoire, c'est-à-dire que le litige porté devant un juge consiste en réalité en des contestations entre deux parties adverses. Le système exige la présentation de la preuve et des arguments, de façon la plus complète et la plus convaincante qu'il soit. S'interposer entre les justiciables pour rendre la justice (A) et juger l'Administration (B) sont les deux pôles de mission du juge.

A. Rendre la justice entre les particuliers

Le juge centrafricain est « gardien » des droits et libertés des individus. Cette mission dévolue par la Constitution aux différents juges de la RCA est une responsabilité qu'on leur assigne. Cette mission porte sur la protection à la fois de l'intégrité physique et mentale des individus face aux agissements de l'Etat et plus particulièrement face au pouvoir politique, et sur les diverses prérogatives reconnues aux citoyens afin d'être à l'abri de l'insécurité[222].

---

[222] - Affirmés dans la Déclaration universelle des droits de l'homme du 10 décembre 1948, le droit à l'intégrité physique a été renforcé, de par son cadre juridique par le « Pacte international relatif aux droits civils et politiques » adopté et ouvert à la signature, à la ratification et à l'adhésion par l'Assemblée générale des Nations Unies dans sa Résolution 2200 A (XXI) du 16 décembre 1966 entré en vigueur le 23 mars 1976 conformément aux dispositions de l'article 49, ratifié le 8 mai 1981 par la RCA.

Aujourd'hui, presque partout sur le territoire de la RCA, les groupes armés connaissent une émergence sans précédent. Tous cherchent à se rendre justice à eux même sans passer par la voie légale, avec comme conséquence que ce sont les pauvres et les innocents qui demeurent victimes de toute sorte d'exactions. Mais, quelles sont les causes de cette émergence et comment trouver des solutions?

L'intégrité physique et l'intégrité mentale sont comme les « noyaux durs et intangibles des droits de l'homme »[223]. Leur respect s'impose en toutes circonstances, en temps de paix et *a fortiori* en temps de guerre et il est strictement interdit d'y déroger[224]. Cependant, les juges en RCA se montrent nonchalants quand il s'agit de protéger l'intégrité physique et l'intégrité mentale du Centrafricain. Se pose une foule de questions concernant des violations des droits liés à l'intégrité physique et mentale qui ne connaissent pas une suite judiciaire satisfaisante [225] auxquelles il n'est pas aisé de répondre en raison des considérations politiques, économiques, sociales et surtout sécuritaires[226].

---

[223] - R. Degni-Segui, *Les droits de l'homme en Afrique Noire Francophone (théorie et réalité)*, Abidjan, Imprimob, 1998, p.98.

[224] - Les droits civils et politiques indérogeables ou non-dérogeables ont un caractère impératif auxquels il n'est permis de déroger en aucune circonstance, pas même en cas de crise ou de menace de guerre, de danger public exceptionnel, de proclamation d'un état d'exception, etc. Voir à cet effet, J. Salmon (sous la direction de), *Dictionnaire de droit international public*, Bruxelles, Editions Emile, Bruylant, coll. « Universités francophones », 2001, p.398.

[225] - Le terme de violation est utilisé et en partie répertorié par les organisations non gouvernementales entre autres l'*Amnesty International*, la Fédération internationale des ligues des droits de l'homme ou le *Human Rights Watch* quand un gouvernement viole le droit national ou international relatif à la protection des droits civils et politiques.

[226] - Selon la Déclaration universelle des droits de l'homme, le droit à l'intégrité physique est violé dans plusieurs domaines entre autres quand :

- les membres d'une certaine race ou groupe se voient nier leur reconnaissance comme personnes (articles 2 et 6) ;
- les hommes et les femmes ne sont pas traités comme égaux (article 2) ;
- la vie, la liberté et la sécurité des personnes sont menacées (article 3) ;
- une personne est vendue ou utilisée comme esclave (article 4) ;
- une punition cruelle, inhumaine ou dégradante est utilisée contre une personne (art.5) ;

Toutefois, la situation préoccupante de violation de l'intégrité physique en RCA résulte exclusivement des facteurs liés aux conflits et à l'insécurité. C'est précisément cette atmosphère de tensions plurielles et d'incertitude qui trouve son expression dans les diverses atteintes aux droits civils et politiques[227]. Ces innombrables atteintes sont de nature à révéler l'inefficacité de l'Etat de droit engendrant une situation de « ni paix, ni guerre ».

L'impuissance des juges à déclencher une poursuite contre les auteurs de violation du droit à l'intégrité physique a engendré le regain du phénomène de la justice privée qui s'exerce par des exécutions sommaires dont personne ne parle, hormis les rapports des organisations internationales de défense des droits humains[228]. En effet, des homicides par arme à feu sont pratiqués soit par les forces régulières de l'Etat centrafricain, soit par les mouvements armés qui affichent leur opposition armée au Gouvernement, aucune procédure judiciaire n'est jusqu'ici à son terme.

La crise militaro-politique généralisée en RCA a entraîné, dès son apparition, un phénomène de fracture sociale, de rupture des équilibres entre les Centrafricains et entre les communautés. Elle a suscité et favorisé les contradictions internes et internationales, avec la propagation de l'idée d'un conflit interreligieux entre chrétiens et musulmans, des tensions sporadiques ou continues, la violence, des règlements de compte, des troubles se transformant en guerre civile. L'usage excessif du Droit de la force est allé et va encore jusqu'à

- les victimes d'abus se voient dénier une défense juridique efficace (article 8) ;
- les punitions sont traitées arbitrairement (article 11).

[227] - F. Bugnion, « Le droit international humanitaire à l'épreuve des conflits de notre temps » *in Revue internationale de la Croix-Rouge*, n°835, 30 septembre 1999, p.487-498.

[228] - H. Margolis, « République centrafricaine : violées et abandonnées quand les conflits font rage » *in Newsweek Europe*, 19 juin 2016.

l'exécution sommaire de personnes suspectées et appréhendées[229]. Dans aucun des cas d'exécution extrajudiciaire, les juges centrafricains n'ont diligenté d'enquêtes dans le but d'établir les responsabilités, ni engagé de poursuites contre les responsables de ces crimes.

En effet, les habitants de la RCA, principalement les membres de catégories sociales défavorisées, pris dans l'étau de la guerre civile, ont été victimes d'exactions dont ni les forces gouvernementales[230] ni les rebelles[231] ne veulent répondre. L'insécurité est totale et les juges brillent par leur indifférence et leur impuissance. L'analyse des différents cas recensés, non sans difficulté, par les militants des droits de l'homme comme par les organisations internationales non gouvernementales, fait ressortir une répression sur des populations civiles sans défense à leur domicile ou dans la rue[232].

---

229 - Des rapports font état d'exécutions sommaires lors des affrontements qui opposent les forces armées aux différents mouvements rebelles. Et plusieurs personnes soupçonnées ont été victimes d'exécution extrajudiciaire. – cf. Fédération Internationale Des Ligues Des Droits De L'homme, *Crime de guerre en République Centrafricaine*, Rapport n°355, février 2003.

230 - Certains éléments des FACA se sont tristement illustrés par de graves violations de droits de l'homme et du droit international humanitaire à l'occasion de leurs offensives contre les groupes rebelles. Particulièrement de nombreux rapports ont fait état de certains éléments qui ont perpétré des exécutions sommaires de civils assimilés aux insurgés : « *L'armée de la République centrafricaine a tué de centaines de civils innocents et en a forcé des dizaines de milliers à fuir leurs villages* ». – cf. Fédération Internationale Des Ligues Des Droits De L'homme, *Oubliées, stigmatisées : la double peine des victimes de crimes internationaux*, Rapport n°457, février 2006.

231 - A l'instar des FACA, les éléments rebelles commettent également des exécutions extrajudiciaires contre la population civile résidant sur le territoire sous contrôle du groupe rebelle. A cet effet, entre le mois de juin et d'août 2008, près de 18 personnes ont été exécutées après un « jugement par les tribunaux rebelles. – cf. Fédération Internationale Des Ligues Des Droits De L'homme, *République centrafricaine : Déjà-vu D(é)s accords pour la paix au détriments des victimes*, Rapport n°513f, décembre 2008.

232 - Les rapports en question font ressortir :
- les assassinats individuels immédiatement après arrestation ;
- les exécutions en pleine rue ;
- les éliminations physiques pendant une garde-à-vue ;
- les exécutions non confirmées avec absence de récupération du corps ;
- l'élimination physique de populations carcérales ;
- l'usage d'armes à feu par les agents de l'Etat dans un contexte de manifestations ;

Pourtant, les Nations-Unies dont est membre la RCA ont adopté des recommandations sur les « Principes relatifs à la prévention efficace des exécutions extrajudiciaires, arbitraires et sommaires et aux moyens d'enquêter efficacement sur ces exécutions »[233]. Cet instrument préconise l'ouverture d'enquêtes, la poursuite en justice des coupables présumés et l'octroi d'indemnisations financières aux familles, chaque fois qu'une exécution extrajudiciaire a été commise. Entre-temps, l'Assemblée générale des Nations Unies[234], alarmée par les exécutions sommaires et les exécutions arbitraires qui ont lieu dans différentes régions de monde et préoccupée par l'existence de cas d'exécutions répondant à des motifs politiques, a prié instamment les Etats membres de respecter, en tant que critère minimal, le droit à la vie tel que le prévoit le Pacte international relatif aux droits civils et politiques. Ce texte définit le droit à la vie comme « inhérent à la personne humaine. Ce droit doit être protégé par la loi. Nul ne peut être arbitrairement privé de la vie »[235].

- l'usage inconsidéré d'armes à feu par des agents de l'Etat parfois à des fins personnelles ;
- les exactions perpétrées par les milices. Pour plus de détails sur ces différentes situations, cf. L. Joinet, *Question de l'impunité des auteurs des violations des droits de l'homme (civils et politiques)*, Rapport établi en application de la décision 1996/119 de la Sous Commission des droits de l'homme, CES, 26 juin 1997 ; Fédération Internationale Des Ligues Des Droits De L'homme, *Crime de guerre en République Centrafricaine*, Rapport n°355, février 2003 ; Fédération Internationale Des Ligues Des Droits De L'homme, *Fin de la transition politique sur fond d'impunité* », Rapport n°410, février 2005 ; P. Bouckaert et O. Bercault, *République Centrafricaine : Etat d'anarchie, rébellions et exactions contre la population civile*, Human Rights Watch, septembre 2007 ; Amnesty International, *La situation des droits humains dans le monde*, Rapport 2008, Paris, Amnesty International, 2008.

233 - « Principes relatifs à la prévention efficace des exécutions extrajudiciaires et sommaires et aux moyens d'enquêter efficacement sur ces exécutions » Recommandés par le Conseil économique et social des Nations Unies dans sa Résolution 1989/65 du 24 mai 1989.

234 - cf. Résolution 2393 (XXIII) du 26 novembre 1968 ; Résolution 35/172 du 15 décembre 1980.

235 - Article 6 du « Pacte international relatif aux droits civils et politiques » adopté et ouvert à la signature, à la ratification et à l'adhésion par l'Assemblée générale des Nations Unies dans sa Résolution 2200 A (XXI) du 16 décembre 1966 entré en vigueur

Malheureusement, les garanties offertes par les règles fondamentales sont apparues insuffisantes en RCA du fait de comportements « hors la loi ». Des mises en garde contre les atteintes aux droits de l'homme à travers des rapports tant des Nations-Unies[236] que des organisations internationales non gouvernementales de protection des droits de l'homme[237], ont été adressées aux autorités de la RCA. Mais les différentes alertes n'ont pas été suivies d'effet. L'inefficacité de la justice centrafricaine, sinon son indifférence, n'en donne pas une bonne image. En définitive, de trop nombreuses exécutions extrajudiciaires commises lors des conflits armés demeurent impunies.

La situation est caractérisée par la confusion et l'opacité qui l'entourent. Cette confusion trouve sa traduction dans la difficulté de qualifier juridiquement les évènements. Quel est Droit pourra régir la situation et punir la justice privée ? Quelle compétence juridictionnelle ? Compétence de la Cour pénale internationale ? Compétence du juge interne ? Autant de questions qui se posent sur ce flou de la répression des cas d'exécutions extrajudiciaires. Les juges font preuve d'un manque de volonté et d'une incapacité à punir les

---

le 23 mars 1976 conformément aux dispositions de l'article 49, ratifié le 8 mai 1981 par la RCA.

[236] - K. Walter, *Promotion et protection de tous les droits de l'homme, civils, politiques, économiques, sociaux et culturels, y compris le droit au* développement, Rapport de mission en République centrafricaine, Point 3 de l'ordre du jour, 8ème session ; Conseil des droits de l'homme, Assemblée générale des Nations Unies, A/HRC/8/6/Add.1 du 14 mars 2008, p.1-23 ; P. Altston, *Promotion et protection de tous les droits de l'homme, civils, politiques, économiques, sociaux et culturels, y compris le droit au* développement, Note préliminaire sur la mission en République centrafricaine, Rapport sur les exécutions extrajudiciaires, sommaires ou arbitraire (31 janvier-7février 2008), Point 3 de l'ordre du jour, 8ème session, Conseil des droits de l'homme, Assemblée générale des Nations Unies A/A/HRC/8/3/Add.5 2 juin 2008, p.1-7 ; P. Alston, *Promotion et protection de tous les droits de l'homme, civils, politiques, économiques, sociaux et culturels, y compris le droit au développement*, Rapport de Mission en République centrafricaine, Point 3 de l'ordre du jour, onzième session, Conseil des droits de l'homme, Assemblée générale des Nations Unies, A/HRC/11/2/Add.3 du 27 mai 2009, p.1-28.

[237] - FIDH, *Central African Republic – Forgotten, stigmatised: the double suffering of victims of international crimes*, no 457/2, octobre 2006, p. 49-50.

coupables. La RCA est plongée dans un état général propice à une « criminalité débridée » supportée quasi exclusivement par le peuple, avec actes de barbaries contraires aux droits de l'homme. Une qualification de crimes contre l'humanité est même probable. Les questions les plus urgentes à régler alors restent la protection de la population contre la criminalité, l'abolition de l'état de non-droit général. Quant à savoir si le juge pourrait être amené à juger l'Administration, la même question se pose.

B. Juger l'Administration

Le contentieux de l'Administration est une forme particulière de la procédure juridictionnelle. Au départ, en France, aucun texte ne l'a expressément prévu. C'est le Conseil d'Etat qui a progressivement construit cet élément essentiel du contrôle et de sanction des agissements de l'Administration. C'est ainsi que, par l'arrêt « Blanco », le Tribunal des conflits avait consacré à la fois la responsabilité de l'Etat « en raison des dommages causés par des services publics » et la compétence de la juridiction administrative « pour en connaître »[238]. Petit à petit le Conseil d'Etat a fini par dégager un principe général du contentieux de l'Administration dont la procédure est connue désormais sous l'appellation de « contentieux administratif » ; lequel vise à appliquer les règles à l'occasion d'un règlement des litiges suscités par l'action administrative[239].

En ce sens, J.-M Auby et R. Drago ont affirmé que « le contentieux administratif remplit donc une fonction de protection des administrés contre l'Administration. Il met les individus à même de préserver, dans la mesure prévue

[238] - Tribunal des conflits, *Blanco*, 8 février 1873.
[239] - cf. C.E., *Dame Lamotte*, 17 février 1950.

par la règle de droit, leurs droits et intérêts à l'encontre des exigences de l'action administrative »[240]. Le juge administratif va dorénavant tenter de soumettre l'Administration au respect des règles qui régissent l'exercice du pouvoir réglementaire. Il fait irruption dans la sphère administrative pour contenir la puissance de l'Administration dans les limites que lui assigne la règle de Droit. En pratique, le contentieux de l'Administration est porté devant une juridiction administrative, généralement le Tribunal administratif puis le Conseil d'Etat, dont la procédure est destinée à faire juger un litige entre un usager d'un service public et un service de l'Administration. Selon une classification établie par le jurisconsulte E. Laferrière[241], le contentieux de l'Administration comporte quatre objets, à savoir : le contentieux de l'excès de pouvoir, le plein contentieux, le contentieux de légalité et le contentieux de la répression.

En général, le contentieux de l'Administration est engagé par un requérant qui demande au juge de contrôler la légalité d'une décision prise par l'Administration qu'il juge illégale et demande d'en prononcer l'annulation. Apparemment le système fonctionne bien en France, dans la mesure où le juge administratif est investi de la mission de juger l'Administration et les pouvoirs exécutif et législatif n'interfèrent pas dans les affaires juridictionnelles.

Emboitant le pas au système français, on a vu se créer en RCA l'ordre administratif dans l'organisation juridictionnelle[242]. Mais, la mission de juger l'Administration a-t-elle atteint son objectif ? Le juge a-t-

---

240 - J-M Auby et R. Drago, *Traité de contentieux administratif*, Paris, 3ème édition LGDJ, 1984, p.15.

241 - E. La Ferrière, *Traité de la juridiction administrative et des recours contentieux*, 2 volumes, Paris, Editions Berger-Levrault, 1887-1888, 2ème édition 1896, Réimpression, Editions LGDJ, 1989.

242 - Loi n° 96.029 portant statut des juges de l'ordre administratif en République Centrafricaine.

il efficacement rempli sa mission ? Le contexte sociologique a-t-il eu un effet sur le fonctionnement de la juridiction administrative ? Dans quelle mesure le juge administratif en RCA garantit-il la protection du Droit aux citoyens contre l'Administration ?

La soumission des actes et des activités de l'Administration au contrôle d'un juge en RCA n'a pas été une révolution particulière. D'aucuns évoquent que juger l'Administration en RCA relève soit d'un legs de la France quand elle octroya l'Indépendance à la RCA[243], soit d'un « mimétisme juridique » caractérisé par la reprise du système juridictionnel français[244]. En effet, en France, les juridictions administratives se sont créées grâce à la décision de la jurisprudence, si l'on se réfère à l'arrêt de référence « Blanco » qui a estimé que « la responsabilité, qui peut incomber à l'Etat, pour les dommages causés aux particuliers par le fait des personnes qu'il emploie dans le service public, ne peut être régie par les principes établis dans le Code civil, pour les rapports de particulier à particulier ; que cette responsabilité n'est ni générale, ni absolue ; qu'elle a ses règles spéciales qui varient suivant les besoins du service et la nécessité de concilier les droits de l'Etat avec les droits privés »[245]. Le Droit prétorien était donc le fondement de l'institutionnalisation des juridictions administratives. Si l'on s'en tient à la parution des « Grandes décisions de la jurisprudence administrative », on se rend compte que ce Droit se développe grâce à l'apport de la doctrine qui annote les décisions rendues par le juge administratif[246].

243 - La France avait créé par un décret du 14 octobre 1920, un Conseil du contentieux administratif, ancêtre des juridictions administratives modernes, dans chacune de ses dépendances. Un autre décret du 13 décembre 1944 les supprimera pour créer un Conseil du contentieux unique pour toute l'Afrique occidentale française.

244 - S. Goana, *La juridiction administrative centrafricaine. Produit d'une évolution historique*, Editions Universitaires européennes, coll. « OMN. UNIV. EUROP », 2011.

245 - Tribunal des conflits, *Blanco*, 8 février 1873.

246 - Voir R. Chapus, *Droit administratif général*, Tome 1, Paris, 15ème édition Montchrestien, 2001 ; Y. Gaudemet, *Droit administratif*, Paris, 18ème édition LGDJ,

A l'inverse du système français où le juge administratif tire sa création sur la base de la jurisprudence, la mission de juger l'Administration en RCA a eu un fondement principalement, sinon, exclusivement, législatif. La situation se révèle un peu complexe dans un contexte politique et institutionnel dominé par un souci d'éradiquer l'insécurité née du fait de la guerre civile. La création des juridictions administratives et l'intronisation des juges dans leur mission de juger l'Administration se sont confrontées aux difficultés de fonctionnement[247]. Ce sont donc tout à la fois les questions de l'efficacité, de l'effectivité et de l'efficience de la justice administrative qui sous-tendent le défi à relever dans l'édification de l'Etat de droit[248].

Efficacité, effectivité et efficience sont des mots forts qui doivent conditionner la mission du juge administratif. Si la justice administrative doit être efficace, cela veut dire, selon J-M. Sauve, qu'elle doit être de « qualité », effective désigne « la qualité de ce qui se traduit en actes réels » et efficiente dans l'acception du terme qui vient de l'anglais et qui désigne « la réalisation d'objectifs en optimisant les moyens mis à disposition »[249]. La réalisation de l'efficacité, de l'effectivité et de l'efficience de la justice administrative renvoie pour l'essentiel à la politique de la justice ou du moins à l'organisation juridictionnelle.

L'utilité pratique de la saisine d'un juge, qu'il soit de l'ordre administratif ou de l'ordre judiciaire, réside pour

---

2005 ; P. Devolve, *Le droit administratif*, Paris, 21ème édition Dalloz, coll. « Précis », 2006.

247 - F. Nanare, « La jurisprudence du Conseil d'Etat centrafricain » *in Revue administrative*, n°spécial, 1999.

248 - B. Kante, « Conseil d'Etat et Etat de droit, la contribution des Hautes juridictions administratives à l'édicication de l'Etat de droit » *in Revue administrative*, n° spécial, 6, 1999.

249 - J.-M. Sauve, « Le juge administratif face au défi de l'efficacité, Retour sur les pertinents propos d'un Huron au Palais-Royal et sur la critique managériale » *in RFDA*, 2012, p. 613

l'essentiel dans le délai du procès et la décision à rendre. Pour les justiciables, il importe de remédier à la lenteur de la justice, car cela contribuerait à restaurer la confiance accordée au juge. En effet, quand il saisit le juge administratif, le plaideur souhaite obtenir, au terme du recours, une amélioration de sa vie quotidienne. Mais s'il doit attendre plusieurs années avant de s'entendre dire que sa réclamation était ou non fondée, il ne pourra pas croire en l'efficacité de l'action juridictionnelle, car la durée excessive des instances contentieuses confine souvent au déni de justice. Les inconvénients de la longueur des instances sont encore accrus en RCA par l'absence de véritables procédures d'urgence. Mais même si cette procédure existait, à l'instar du référé, la décision rendue serait limitée par la procédure de son exécution.

Cette affligeante lenteur de la justice poserait moins de problèmes en RCA si l'on commençait par chercher à autonomiser le Droit en question.

Partie 2

La recherche de l'autonomisation du Droit centrafricain

Après les crises politiques et les soubresauts militaires qui ont ébranlé l'édifice de l'Etat, la RCA est actuellement à l'ère de reconstruction, processus par lequel l'Etat va chercher à se donner des institutions, des structures et des règles adaptées à la situation nouvelle. Dans cette perspective, comment doivent se dessiner le présent et le futur du Droit ? Cette question soulève la problématique de l'autonomisation qui apparaît comme un grand défi du Droit dans la mesure où elle entraînera l'adhésion du législateur, des juges, des avocats et autres praticiens du Droit, ainsi que l'adhésion populaire. Ensuite, que faudrait-il autonomiser et comment le faire ? Quelle est la part des Droits originellement centrafricains dans les différents mouvements de l'autonomisation ?

La RCA devra opérer un choix : ou bien elle maintient les lois et les codes qui matérialisent le Droit positif français qu'elle applique aux faits locaux, ou bien, en procédant à l'autonomisation, elle prend en considération les normes et les aspirations locales. Le Professeur M. Kamto tente d'effacer toute ambiguïté à ce sujet lorsqu'il affirme que « toute réflexion faite, il n'y a pas lieu de s'émouvoir parce que le Droit national résulterait pratiquement d'emprunts sélectifs faits à des législations étrangères. La question qui devrait interpeller le juriste est de savoir si la norme importée fournit la solution adéquate au problème juridique local. Si c'est le cas, le droit importé devient alors le droit national par réception ou par incorporation »[250]. Ce qui est vrai pour « le fond du droit », l'est aussi de « l'administration du droit » selon la distinction rappelée par S. Rials[251]. Le fond du Droit aurait été formé de l'ensemble des règles de Droit précises, et l'administration du Droit, la « police juridique », aurait comporté les procédés de mise en œuvre de ces règles, méthodes d'interprétation, techniques procédurales, etc. Enfin, se pose la question du champ matériel de cette autonomisation. Autrement dit, quelle est la matière qu'il convient d'autonomiser en priorité ? Est-ce le Droit public, le Droit privé en tenant compte du Droit de la famille et des personnes, le Droit économique, le Droit de sécurité ? Tenter de rendre autonome le Droit en RCA requiert de se référer à un certain nombre de prémices qui forment les principes du Droit tirés de la tradition romano-germanique.

Au nombre des grandes constructions mises au point par la législation française figurent les grands principes de liberté, d'égalité et de fraternité. La RCA possède déjà, à travers les composantes de la devise nationale d'Unité, de Dignité et de Travail, un fondement de base juridique propre à construire un édifice juridique solide. C'est donc cette base solennellement consacrée par les différents Constitutions qui se sont succédées en RCA que l'on est invité à enrichir dans l'intérêt du Droit national dont on opposera les normes principielles (Chapitre 1) aux normes matérielles (Chapitre 2).

---

[250] - M. Kamto, « L'énoncé des droits dans les Constitutions des Etats francophones » *in Revue juridique africaine*, 1991, n°2 et 3, p. 23.

[251] - S. Rials, « Sur une distinction contestable et un trop réel déclin » *in AJDA*, 1981, p.115.

Chapitre 1

Les normes principielles

L'évocation des normes principielles a débuté avec la contribution de la doctrine du Droit international public[252]. La mention des « principes généraux de droit reconnus par les Nations civilisées »[253], la référence à des « principes généraux du droit applicables même en l'absence de texte » par le Conseil d'Etat français[254] et l'apparition des « principes généraux du droit communautaire » dans la jurisprudence de la Cour de Justice des Communautés Européennes (CJCE) dans les années 1960 sont les jalons qui ont engendré la contribution des spécialistes sur ce qu'on entend par « principe ».

En l'an III de la République, Condillac exprimait déjà que : « Principe est synonyme de commencement ; et c'est dans cette signification qu'on l'a d'abord employé ; mais ensuite à force d'en faire usage, on s'en est servi par habitude, machinalement, sans y attacher d'idées, et l'on a eu des principes qui ne sont le commencement de rien »[255]. Dérivant de latin *principium* le mot « principe » peut être décomposé en *primo* qui signifie « premier » et *capere* qui veut dire « prendre »[256]. « Principe » est donc ce qui est à l'origine de quelque chose[257], la norme qui prend la première place, la première part, le premier rang, etc. Il est le Prince, la tête, voire le soldat de première

---

252 - P. Morvan, « Qu'est-ce qu'un principe ? (en français et en portugais) » *in Revue juridique Portal Jurdico Investidura*, 27 avril 2007, [En ligne], URL : http://patrickmorvan.over-blog.com/article-6469413.html

253 - Article 38, § 1, c) du Statut de la Cour permanente de justice internationale en 1920.

254 - C.E., *Aramu*, 26 octobre 1945, Rec .p.213.

255 - E. Bonnot de Condillac, *La logique ou les premiers développements de l'art de penser*, Paris, Cher Fr. Dufart, Imprimeur de la Commission exécutive d'instruction publique, An III, Seconde partie, chap.VI.

256 - cf. *Dictionnaire de français Larousse*, voir « Principe ».

257 - *Idem*

ligne. Le principe est à l'évidence un commencement[258]. Dans le domaine de la logique juridique, le principe désigne « d'une part, un corps de règles issues d'une élaboration méthodique, réfléchie, disposées dans un ordre systématique et, d'autre part, les axiomes fondateurs de cet édifice rationnel »[259]. De cette affirmation le principe est le commencement de la science comme de l'apprentissage. En ce dernier sens, il est un « précepte » qu'on apprend et qu'on se rappelle à chaque fois qu'il le faut. Aujourd'hui, les principes sont abondamment mis à contribution[260]. Tel homme public en appelle aux grands « principes » tout en se gardant d'en nommer un seul pour soutenir une pensée politique. C'est que, même en RCA, les principes prolifèrent. Mais ce qu'il convient de relever, c'est que les principes sont dépourvus de force contraignante et, pour la plupart, soumis à l'appréciation du juge. C'est pourquoi, une analyse des principes politiques (Section 1) permettra d'entrevoir les principes républicains (Section 2).

Section 1. Les principes politiques

Les principes affirmés sont multiples, mais ils servent à fonder une politique, et le Droit intervient pour établir tout un ensemble de règles de portée générale destinées à inspirer diverses applications[261]. Le contenu de cette

---

258 - Sous cet angle, l'Exposé du droit universel de forme géométrique d'un Bodin en 1576 ou les Lois civiles dans leur ordre naturel (1690-1697) d'un Domat sont littéralement des sommes de principes, bâties sur des axiomes et des donnés par la raison ou la morale qui revêtent à leur tour une valeur principielle. A cet effet, voir, J. Domat, *Traité des lois*, Chap. I, « Des principes de toutes les lois ».

259 - L'archétype de cette signification réside dans les deux cent onze *regulæ* ou maximes du titre 17 du livre 50 du Digeste (*De diversis regulis juris antiquis*) codifiant, aux yeux des romanistes, les *principia maximæ* ou *generalia juris principia* (J. Coras), soit les véritables universaux du Droit.

260 - De nombreuses déclarations sont intitulées avec des « principes : « Principes d'interprétation », « Principes généraux du droit », « Principes généraux de droit », « Principes fondamentaux reconnus par les lois de la République », etc.

261 - G. Cornu, *Vocabulaire juridique*, Paris, 9ème édition PUF, Association H. Capitant, 1987, voir « Principe ».

affirmation varie en fonction du ou des problèmes qu'on entend résoudre ou bien de l'objectif que l'on se propose d'atteindre et de la solution que l'on désire apporter[262]. En effet, la politique en question peut offrir un visage radicalement différent selon la place qui lui aura été accordée et le contenu qui aura été donné à des principes aussi essentiels que ceux d'universalité, d'uniformité, d'égalité des chances, d'équité, de solidarité, etc.

Lorsqu'on évoque la politique, on s'intéresse aux fondements du pouvoir, au choix des gouvernants, à la répartition des pouvoirs et à leur contrôle. Beaucoup d'autres principes ont également été évoqués : la souveraineté du peuple, la citoyenneté, la nationalité, les droits civiques, les droits politiques, la participation à la vie politique, l'égalité, le pluralisme politique, la séparation des pouvoirs, etc. A cela s'ajoutent d'autres facteurs historiques, idéologiques, voire culturels, qui fondent les usages politiques au travers desquels se déduisent la Constitution ou les textes. Dégager des principes politiques, c'est produire les fruits du jeu des forces vives de la Nation qui seront consacrés par la Constitution et ses lois subséquentes, ce qui se matérialise des droits intangibles à la politique et sociaux qui pourront être reconnus aux citoyens. A partir de l'analyse de la situation en RCA, les principes de l'unité (Paragraphe 1) et de la laïcité (Paragraphe 2) pourraient bien être des affirmations politiques susceptibles de devenir les vecteurs de la règle de la vie en société.

---

262 - M. Borgetto , « Sur quels principes bâtir une politique sociale ? Petit inventaire des choix possibles» *in Informations sociales* 1/2010 (n° 157) , p. 10-16.

Paragraphe 1. L'unité nationale

La RCA connaît depuis fort longtemps une période d'effervescence politique ponctuée par la violence, la sédition, la haine, la vengeance, la colère et le désespoir. Ces fléaux ont non seulement engendré des mécontentements et un déni de la RCA, mais ils ont aussi affecté l'unité nationale telle qu'affirmée dès la fondation de la RCA en tant de fondement d'un vivre-ensemble. Si l'unité est une pierre de fondation sur laquelle devrait bâtir son édifice, la RCA doit montrer sa volonté de s'organiser autour de ce principe d'affirmation politique. Les engagements en faveur de l'unité se limitent au niveau du principe. Toutefois, ils doivent fournir une série d'orientations dans la conduite de chaque habitant. Mais divergences et convergences d'opinions subsisteront dans la mise en œuvre de tout un ensemble de règles pour la formaliser. Pour l'heure, le principe de l'unité en RCA pourrait être habillé d'une règle juridique à travers le territoire (A) et le peuple (B).

A. L'unité du territoire

Le territoire de la RCA est le résultat d'une négociation entre Britanniques, Allemands et les agents de l'Etat du Roi des Belges[263]. Depuis, ses frontières sont demeurées quasi immuables. La frontière entre le Soudan et la RCA a été fixée par l'Accord du 14 juin 1898 passé entre l'Angleterre et l'Egypte. La France l'a accepté le 10 janvier 1924 ; le Soudan et la RCA ont signé le 25 mai 1966 un communiqué conjoint qui accepte cette frontière. La frontière entre le Cameroun et la RCA a été fixée par la Convention du 15 mars 1874 signée entre la France et

263 - Les frontières en Afrique centrale ont fait l'objet de la Convention germano-britannique du 14 août 1893.

l'Allemagne. La frontière entre le Tchad et la RCA a été unilatéralement fixée par la France le 8 avril 1858. Il n'y a pas d'accord sur la frontière entre la République du Congo (Brazzaville) et la RCA mais la France, ancienne puissance coloniale s'en charge en cas de différends. La frontière entre la République Démocratique du Congo (ex Zaïre) et la RCA a été fixée par la Conférence de Berlin de 1885.

La conquête des frontières n'a pas été un enjeu central en RCA. Mais, au de-là de ce constat positif, force est de constater que l'exercice du pouvoir n'a pas vraiment contribué à la stabilisation politique et territoriale sur l'ensemble du territoire. En effet, le long de chaque frontière, deux souverainetés entrent en contact et s'opposent et, de part et d'autre de cette ligne, tracée d'abord sur une carte, démarquée ensuite sur le terrain, les autorités ne sont pas les mêmes, les lois ne sont pas les mêmes ; donc « l'organisation des sociétés diffère »[264]. Ceci fait que le contrôle des frontières devient un attribut de la souveraineté et que l'avenir de l'Etat en dépend entièrement[265].

Le Soudan, pays frontalier de la RCA à l'Est a connu une guerre civile meurtrière pendant vingt-deux ans qui a fait plus de deux millions de morts. En 2005, un accord de paix signé entre le Gouvernement de Khartoum, capitale du Soudan, et la rébellion sudiste a mis fin à la guerre fratricide. L'accord prévoyait un statut d'autonomie pour le Sud-Soudan suivi d'un référendum en 2011.

---

264 - B. Kabamba, «Frontières en Afrique centrale : gage de souveraineté ?», *Fédéralisme Régionalisme,* Volume 4 : 2003-2004 .

265 - L'Acte constitutif de l'Union Afrique se fixe comme objectif la « défense de la souveraineté, l'intégrité territoriale et l'indépendance » et affirme comme principe « le respect de la souveraineté et de l'intégrité territoriale de chaque Etat et de son droit inaliénable à une existante indépendante ». – cf. Article 3 de l'*Acte constitutif de l'Union africaine (UA)* adopté le 11 juillet 2000 au sommet de l'Organisation de l'Unité Africaine (OUA) de Lomé au Togo et soumis à la signature et à la ratification des 53 Etats membres de l'OUA entré en vigueur le 9 juillet 2002 après avoir obtenu la ratification des deux tiers des membres de l'OUA .

L'indépendance a été finalement proclamée le 9 juillet 2011, suite à un vote massif en faveur de la sécession. Le nouveau pays a été baptisé « Soudan du Sud », à sa tête Salva Kiir, le successeur de John Garang, chef historique de l'Armée de libération du peuple du Soudan (SPLA) mort dans un accident d'avion.

L'accès à l'Indépendance du « Soudan du Sud » a ravivé des velléités sécessionnistes en RCA. En effet, la constitution d'un cartel de mouvements rebelles dans le Nord de la RCA a animé, en 2012, le désir de conquête du pouvoir par la violence armée en 2012. L'extrême vulnérabilité du pouvoir qui siège à Bangui, dans le Sud du pays, a favorisé une progression rapide des groupes rebelles et, le 24 mars 2013, l'assaut violent et virulent de la coalition *Séleka* a évincé François Bozizé. La gestion anarchique de la coalition *Séleka* au pouvoir a engendré un chaos d'insécurité qui a échappé à tout contrôle[266]. Les atrocités commises par la *Séleka* ont conduit à la création d'un groupement spontané de milices, les *Anti-balaka*, qui s'en sont pris à tout ce qui est musulman en RCA.

Les *Anti-balaka* ont été très rapidement considérés, par les médias occidentaux, comme une milice chrétienne, alors que seul l'esprit de vengeance et la haine du musulman les motivaient. Cette assimilation malheureuse a été meurtrière et a fortement contribué aux affrontements interconfessionnels qui ont pris de l'ampleur. Echouant dans la gestion du pouvoir conquis par la force, les chefs de la *Séleka* se sont repliés dans le Nord de la RCA, revendiquant la scission du territoire de la RCA où dans la partie Nord vivront les musulmans et, dans la partie Sud, les chrétiens. C'est ainsi que le conflit militaro-politique s'est transformé en un conflit sécessionniste. Cette

---

[266] - A. J. Doui-Wawaye, *L'insécurité en République centrafricaine Quel rôle pour le droit international ?* Paris, Editions L'Harmattan, coll. « Etudes africaines », 2015, p.25-41.

revendication remet fortement en cause l'intégrité du territoire et soulève la problématique de son unité. Le Dictionnaire de la géographie définit le territoire comme « un espace géographique qualifié par une appartenance juridique (territoire national), une spécificité naturelle (territoire montagneux) ou culturelle (territoire linguistique) »[267]. Et c'est dans les ressorts du territoire que les compétences du gouvernement s'exercent[268]. Beaucoup de règles juridiques peuvent régir le territoire d'un Etat. Il convient de faire remarquer que la RCA est un territoire continu de 623.000 km², et que cette continuité pourrait soulever un grand nombre de problèmes juridiques que la législation locale sera amenée à trancher, notamment le découpage du territoire national. Il s'agit de confronter le principe d'unité du territoire à la politique d'aménagement du territoire.

En effet, le découpage du territoire national n'affecte pas son unité. Il répond à une certaine logique liée à la politique de décentralisation et de responsabilisation des citoyens. Selon N. Merley, les divisions du territoire jouent un double rôle essentiel en matière de configuration de la communauté nationale[269]. En premier lieu, les procédés de divisions territoriales favorisent plus ou moins la participation de tous les citoyens à la gestion locale du pouvoir dans le cadre d'exercice des différents pouvoirs nationaux et locaux. La fraction du territoire en localités de gestion politique influe donc le degré d'unité et d'intégration dans la Nation toute entière.

En second lieu, le processus de division territoriale impacte l'organisation des activités de l'Administration centrale. Cadres d'action des différents services publics,

---

[267] - P. Georges et F. Verger, *Dictionnaire de la géographie*, Editions Presses universitaire de France, 2009, voir « territoire ».

[268] - G. Cornu, *Vocabulaire juridique* : op.cit. voir « Territoire ».

[269] - N. Merley, « Le découpage du territoire : de l'unité à la diversité » *in Revue de Droit public*, n°6, 1998, p.102.

les divisions intéressent la cohérence de l'action administrative. Par ailleurs, le découpage du territoire soulève le problème de la gestion de la diversité dans l'Etat. En effet, les divisions du territoire sont des instruments à disposition du pouvoir central pour unifier, au besoin par la force, la Nation identifiée à l'Etat, lui-même identifié à la République « une » et « indivisible ». En RCA, dans un contexte de menace de partition du territoire national, le découpage politique et administratif du territoire doit amener à la reconnaissance de la diversité. C'est ce qu'exprime en France J. Chevalier lorsqu'il affirme que « la séparation géographique participe à la cristallisation des identités locales »[270]. Cette logique du découpage territorial est sous-tendue par le Droit positif relatif aux pouvoirs locaux.

L'opération de subdivision du territoire doit permettre au pouvoir central d'imposer l'unité de l'Etat[271], ceci pour dire que la cartographie adoptée doit concrétiser l'unité et l'indivisibilité de territoire. Cela exclut toute tentation de sécession et induit une stricte uniformité du Droit applicable aux structures territoriales. C'est au Droit positif d'accréditer tous les découpages territoriaux et de favoriser l'expression de la diversité dans l'Etat. Et au fil du temps, le découpage du territoire peut influer sur l'intensité des liens communautaires. Certes, l'élément important reste l'investissement institutionnel dans l'opération de découpage du territoire. La généralisation du système électif, les transferts d'exécutifs et de compétences, ainsi que les changements affectant le contrôle des actes des collectivités territoriales,

---

270 - J. Chevallier, « La réforme régionale » *in Le pouvoir régional,* Paris, P. U.F., C.U.R.A.P.P., 1932, p. 169-171

271 - En France, l'instruction législative du 8 janvier 1790 estime que « *L'Etat est un, les départements ne sont que les sections du même tout: une administration uniforme doit donc les embrasser tous dans un régime commun* ».

manifestent cette idée et, en retour, la fortifient[272]. En plus de cette mission du Droit positif de concrétiser le découpage du territoire en logique de diversification, il doit aussi contenir l'unité du peuple.

B. L'unité du peuple

L'énoncé des différentes Constitutions en RCA commence par « Le Peuple Centrafricain ». La souveraineté nationale appartient au « Peuple Centrafricain ». Et la justice est rendue « Au nom du Peuple Centrafricain ». Malgré les changements de régime, qui vont du monopartisme au pluralisme en passant par la monarchie constitutionnelle instaurée en 1976, la notion du « Peuple » a perduré à travers les Constitutions et les révisions subséquentes. Cette pérennité est due non seulement à la fréquente référence qui y est faite dans les Constitutions, mais également au caractère unitaire et indivisible de l'Etat centrafricain.

En effet, l'unicité du peuple centrafricain est liée, entre autres, au caractère unitaire de l'Etat. Si la RCA est un Etat unitaire, il se définit, selon B. Chantebout comme « un Etat dans lequel une volonté politique unique s'impose à l'ensemble des citoyens, lesquels sont par conséquent soumis aux mêmes lois en tous domaines »[273]. En RCA, les Constitutions successives ont repris à leur compte le principe d'indivisibilité, signe de l'unité, et la Constitution en vigueur dispose que la RCA est « unitaire » et « indivisible »[274]. Le principe d'indivisibilité

[272] - La loi du 6 février 1992 qui utilise l'expression de « libre administration du territoire de la République » suggère également que la République ne se confond pas avec l'Etat personne administrative lui-même confondu avec la Nation. Le concept de République prend un autre sens, celui d'une Nation qui pour être indivisible n'en est pas moins construite, diverse.

[273] - B. Chantebout, *Droit constitutionnel*, Paris, 21ème édition Armand Colin, coll. « U », 2004, p.56.

[274] - Article 24 alinéa 3 de la Constitution du 30 mars 2016.

forme la base constitutionnelle de l'Etat unitaire, est à mettre en relation avec l'indivisibilité de la souveraineté nationale et procède du principe d'unicité du peuple.

Par ailleurs, le principe d'unicité du peuple doit être analysé à travers une nécessaire distinction entre « peuple » et « population ». En l'espèce, loin de n'être qu'une simple question de vocable, la distinction permet ici de résoudre un véritable problème de fond en RCA. En effet, les notions de peuple et de population ne définissent pas les mêmes réalités. Même s'il est bien difficile de donner une définition de la notion de peuple, elle peut néanmoins se comprendre, selon N. Merley, comme « un attachement du cœur à un groupe dans lequel on se reconnaît »[275]. Le peuple est alors caractérisé par une histoire et une identité communes. La notion de population, en revanche, reflète d'avantage une réalité démographique, géographique et quantitative. La distinction est d'autant moins facile à appréhender qu'un même groupe humain peut être qualifié à la fois de peuple et de population selon que l'on entend traiter d'un collège de personnes parfaitement dénombrables et identifiables dans l'espace et le temps, ou d'une communauté d'individus ne faisant plus qu'un.

En outre, il semble important de souligner que le peuple se confond souvent avec la Nation définie par E. Renan comme le « vouloir vivre ensemble »[276]. La Nation est alors fondée sur un choix volontaire, contrairement au peuple issu d'une histoire et d'une identité communes. Pour A. Haquet, Nation et Peuple sont employés indistinctement pour désigner le titulaire de la souveraineté[277], comme il en résulte de la lecture de la Constitution selon laquelle « la souveraineté nationale

---

[275] - N. Merley, « Le découpage du territoire : de l'unité à la diversité » : op.cit.

[276] - E. Renan, « Qu'est-ce qu'une Nation », Conférence, Sorbonne, 11 mars 1882.

[277] - A. Haquet, *Le concept de souveraineté en droit constitutionnel français*, Paris, Editions P.U.F., coll. « Les grandes thèses du droit français », 2004, p.77.

appartient au peuple centrafricain qui l'exerce soit par voie de référendum, soit par l'intermédiaire de ses représentants »[278]. En réalité, la vie nationale d'aujourd'hui en RCA est dominée par deux courants contradictoires sur la notion d'unité : l'un porte sur le comportement et les habitudes de chaque Centrafricain à affirmer son droit à l'individualisme face à un Etat qui ne pourvoit pas à ses besoins, si élémentaires soient-ils. Tout porte à croire que le peuple aspire ardemment à l'unité, mais la bourgeoisie nationale ne veut pas de cette unité. L'autre courant, consacré par la Constitution, pousse et entraîne tous les Centrafricains à s'associer, pour ne plus dire à « s'unir ». Ces deux tendances se concilient et ont vocation à s'appliquer concurremment car, avant de s'évertuer à s'unir avec les autres, chaque Centrafricain doit satisfaire son droit à l'épanouissement, surtout social. Si chaque Centrafricain rejette l'idée selon laquelle ce sont les leaders politiques et l'autorité politique qui désunissent en RCA, il faut reconnaître que, dans une Nation déchirée par une guerre fratricide, il est impossible de s'isoler ou de faire route seul. L'unité ne peut être un objectif atteint qu'en coopérant avec les autres Centrafricains. Bien évidemment, les besoins croissants de la population en RCA rendent nécessaire une intervention beaucoup plus active de la part du Gouvernement pour satisfaire le social, mais aussi de véritables actions pour inciter à la défense de l'unité nationale.

Seule une profonde connaissance du passé peut entraîner, dans la conscience collective, le sentiment de l'unité indispensable à la consolidation de la RCA. Aujourd'hui, le véritable problème en RCA est la difficile conciliation entre l'épanouissement des cultures particulières et le renforcement de l'unité nationale pour éviter l'éclatement de l'Etat. Seule une politique visant à

[278] - Article 26 alinéa 1 de la Constitution du 30 mars 2016.

favoriser les échanges entre les différentes entités pourrait contribuer à l'enrichissement culturel des communautés nationales. En effet, la société centrafricaine en générale est fondée sur des catégories de sexes, l'âge, les structures de la parenté et les liens d'alliances. A l'origine, l'idéologie du pouvoir politique, était essentiellement basée sur la parenté et le lignage, en un mot sur la famille. C'est ainsi qu'unité était confondue avec solidarité. Mais la vie sociale en RCA est déjà structurée : la Nation centrafricaine se présente comme une composition de familles, de villages, de quartiers et de villes, jusqu'au niveau de l'Etat. Or il faut savoir que l'ethnie est la première Nation qui fonctionne car elle se constitue autour d'une famille élargie, et que son origine grecque *ethnos* signifie « Peuple » ou « Nation »[279]. Ainsi, la RCA est bien une communauté d'ethnies dont les plus connues sont par ordre alphabétique : *Aka*, *Banda*, *Bomitaba*, *Dakpa*, *Gbaya*, *Karé*, *Mandja*, *Mboum*, *Mojombo*, *Ngbaka*, *Ngbandi*, *Nzakara*, *Saras*, *Togbo*, *Woddabes*, *Yakoma*, *Yanguérés* et *Zandé*.

La RCA dispose d'un fond linguistique commun, le *Sango* et le français, deux langues facteurs de l'unité linguistique qui domine toute la vie nationale car consacrées langues officielles par la Constitution[280]. Dès lors on est en droit d'attendre que le Droit et le pouvoir politique soient facteurs de lien social, avec un rapport de participation de tous les groupes ethniques par le respect de la règle de Droit et la mise en exécution des décisions publiques. Si chacun a son rôle à jouer pour préserver l'unité nationale, le Droit doit être la force sociale qui régularise les liens entre les groupes sociopolitiques. C'est la force de l'unité qui doit s'affirmer dans la mesure

[279] - M. Panoff et M. Perrin, *Dictionnaire de l'ethnologie*, Paris, Editions Payot, coll. « Petite bibliothèque », 1973, voir « Ethnie », p.96.

[280] - Voir article 24 alinéa 6 de la Constitution du 30 mars 2016.

où la RCA a une origine commune, qu'elle forme une communauté composée des « Centrafricains ». Le Droit doit apparaître comme une organisation chargée d'unir et de maintenir unie toute la société. Il s'agit de l'art de gouverner et de légiférer. Gouverner exige de l'autorité et légiférer requiert une unité dans la Loi de façon à unir le peuple centrafricain et à tendre au mieux-être des différentes communautés. Ce n'est ni plus ni moins qu'un effort d'uniformisation et d'harmonisation du Droit.

Paragraphe 2. La laïcité

« Ne mélangez pas Religion et Politique ! ». Telle a été l'injonction du Président tanzanien J. Nyerere à ses concitoyens[281] qui a ses origines dans la locution bien connue d'un passage du Nouveau Testament : « Rendez à César ce qui appartient à César, et à Dieu ce qui appartient à Dieu »[282]. La question religieuse est un étau dans lequel la RCA s'est prise ces derniers temps, tant dans la vie publique que politique. Généralement, la religion fait partie d'une culture qui traduit les habitudes et les routines accumulées tout au long de l'histoire d'un pays. En RCA, le contexte est pluri-religieux, la population centrafricaine étant partagée entre religion chrétienne, musulmane et animiste. Certains responsables politiques et administratifs sont aussi des chefs religieux, et les pasteurs, les Diacres, les Consacrés, etc. entretiennent une forte religiosité dans toutes les composantes de la société centrafricaine. Quand la politique accapare la religion dans un but calculé de réussite, on s'oriente vers une instrumentalisation de la religion, et en RCA, la sécularisation est mise à mal. La décision d'opérer une nette distinction entre les Eglises et

[281] - F. Constantin, C. Coulon, « Religion et démocratie : introduction à une problématique africaine » *in* F. Constantin, C. Coulon, *Religion et transition démocratique en Afrique*, Paris, Editions Karthala, 1997, p. 9.

[282] - Marc, XII, 13-17.

l'Etat, aussi bien dans les affirmations que dans la pratique se heurte souvent à la survivance de pratiques religieuses de la vie publique. Pourtant, la laïcité est inscrite dans une règle constitutionnelle qui dispose que : « La République Centrafricaine est un Etat de droit, unitaire, souverain, indivisible, laïc et démocratique. Elle reconnaît et protège les valeurs traditionnelles conformes à la loi et les Autorités coutumières »[283]. L'interprétation de cette disposition doit mener à une impartialité, voire une neutralité, de l'Etat à l'égard des Eglises et de toute confession religieuse[284]. La laïcité qui apparaît comme un principe de gouvernance en RCA intéresse le lien entre les croyances et l'Etat laïc (A) ; préservation est éminemment importante pour la société (B).

A. Les croyances au service de l'Etat laïc

Le débat sur les relations entre le pouvoir politique et les confessions religieuses a refait violemment surface en 2013, année où le mouvement de la *Séleka* s'est emparé du pouvoir. On croirait, qu'un groupe de musulmans s'est accaparé le pouvoir par la force, opprimant tous les chrétiens qui ne confessent pas leur croyance[285]. Ceci soulève d'emblée la problématique des rapports du spirituel et du temporel.

En effet, l'Etat laïc se crée en dehors de toutes croyances religieuses et fonctionne à l'écart de tout pouvoir spirituel. La laïcité correspond donc à ce que Seydou Madani Sy appelle, une « revendication d'indépendance du pouvoir temporel de la doctrine de la

[283] - Article 24 alinéa3 de la Constitution du 30 mars 2016.

[284] - A. Rey (dir.), *Dictionnaire historique de la langue française*, Paris, Editions Le Robert, 1998, voir « Laïcité », p.1961.

[285] - A. J. Doui-Wawaye, *Repenser la sécurité en République centrafricaine*, Paris, Editions L'Harmattan, coll. « Etudes africaines », 2014, p.17-23.

suprématie du pouvoir spirituel »[286]. L'esprit de la laïcité s'oppose donc à tout dogme imposé par l'Etat. La tendance générale est de distinguer radicalement entre manifestations de l'activité étatique et celles de l'activité religieuse. Mais difficile est de trouver un équilibre entre le temporel et le spirituel, dans la mesure où la question de leurs rapports pose des problèmes de frontières. Le mot « laïcité » renvoie souvent à l'expérience française de la séparation entre l'Eglise et l'Etat. Son usage, dans d'autres contextes, d'autres langues et/ou d'autres sphères culturelles pose problème lorsqu'il s'agit de la RCA, pays qui non seulement est une ancienne colonie de la France, mais aussi qui se situe dans une aire géographique qui dépasse la France métropolitaine. Il y a un fait que l'Etat ne peut ignorer : la quasi-majorité des habitants de la RCA se réclame d'une croyance religieuse. Autrement dit, l'Homme ordinaire centrafricain est directement concerné par la religion. L'Etat centrafricain ne devrait-il pas en tirer les conséquences ? Que peuvent apporter les croyances religieuses à la stabilisation d'un Etat *post* conflit et laïc ?

Parler de la laïcité en RCA pour évoquer les rapports entre l'Etat, les religions et le pouvoir est une « démarche risquée »[287]. On note cependant un facteur positif, à savoir que le pouvoir, les confessions et les croyants ne sont pas tentés par l'instauration d'un intégrisme. Les deux grandes religions, le christianisme et l'islam, conservent leur indépendance fonctionnelle vis-à-vis de l'Etat et n'ont jamais monté leurs fidèles contre le pouvoir. Toutefois, elles ont su profiter de la crise militaro-politique qui a

[286] - Seydou Madani Sy, « La laïcité fondement de l'Etat démocratique. Exigence et limite » *in Revue socialiste de culture négro-africaine : Ethiopique*, n°22, 1980, [En ligne], URL : http://ethiopiques.refer.sn/spip.php?article711#nh2 Consulté le 26/10/2016.

[287] - G. Holder et M. Sow (dir.), *L'Afrique des laïcités. Etat, religion et pouvoirs au sud du Sahara*, Paris, IRD et éditions Tombouctou, 2014.

miné la RCA pour faire entendre leur voix et s'imposer comme interlocuteurs du pouvoir politique. Dans leurs interventions, les prélats centrafricains, les pasteurs et les imams ont toujours prôné la non-violence et le respect des autorités publiques dans une optique chrétienne de séparation de Dieu et de « César » seulement au sens biblique qui énonce que « Soyez soumis, à cause du Seigneur, à toute institution humaine, soit au roi comme souverain, soit aux gouverneurs »[288]. C'est ainsi que les représentants des confessions religieuses sont intervenus dans l'orientation et le règlement des conflits entre les belligérants en RCA.

Les responsables des Eglises sont intervenus à plusieurs reprises pour dire la position des confessions religieuses dans les mouvements sociaux qui revendiquent la « démocratie » et la « justice sociale »[289]. Depuis 1990, année qui a marqué les mouvements de démocratisation en Afrique subsaharienne en général[290], plus que connus sous le nom de « transition démocratique africaine »[291], les évêques de la RCA tiennent deux fois dans l'année, en janvier et en juin, une session épiscopale à l'issue de laquelle ils signent une lettre pastorale qu'ils adressent aux Eglises, aux fidèles et aux autorités politiques. Au jour d'aujourd'hui, nombreuses lettres ont été publiées par la Conférence Episcopale des Evêques de Centrafrique (CEEC).

En ce qui concerne le contenu des lettres pastorales, les deux lettres annuelles de janvier et de juin suivent le même plan exprimant le triple objectif de l'Eglise

---

288 - *Bible de Jérusalem*, Paris, Les Editions du Cerf, 1998, voir 1Pierre, 2. 13-14, p.2037

289 - J.-C. Barbier, E. Dorier-Apprill, « Les forces religieuse en Afrique noire : un état des lieux » *in Annales de Géographie*, volume 105, n°588, 1996, p.200-210.

290 - F. Boillot, « L'Eglise catholique face aux processus de changement politique du début des années 90 » *in L'Année africaine*, 1992-1993, p. 115-144.

291 - J-P Daloz, P. Quantin, *Transitions démocratiques africaines*, Paris, Editions Karthala, coll. « Homme et Société : Sciences économiques et politiques », 1997.

catholique en RCA, à savoir : dénoncer, promouvoir et orienter[292]. Ainsi, en intervenant dans les affaires politiques, les évêques savent qu'il ne s'agit pas seulement de dénoncer les lacunes ou les perversions du système politique. Ils réfléchissent aussi sur leurs motifs, tout en dégageant les valeurs et les principes à mettre en œuvre dans la production ainsi que dans la répartition des biens et services nécessaires à une vie digne de l'Homme et terminent leur lettre par un engagement concret à faire respecter ces principes et valeurs. Au registre de la dénonciation, les évêques ne cessent de souligner l'échec des régimes qui se succèdent en s'attaquant également au mode de gestion du pouvoir adopté par les gouvernants depuis l'Indépendance et qui a entraîné la RCA dans un chaos sécuritaire.

Quant aux principaux destinataires de la lettre pastorale des évêques, les signataires s'adressent à la fois aux hommes politiques, aux chrétiens et aux agents pastoraux. A l'endroit des responsables politiques, la lettre des évêques plaide pour une « éthique politique ». C'est à travers cette rubrique politique que les prélats ont toujours mis en garde les leaders contre le recours à la violence et à la corruption. Aussi invitent-ils les dirigeants des partis politiques à ne jamais oublier que leurs militants ne sont pas seulement des porteurs de bulletin de vote, encore moins des forces de pression et de violence, mais également des citoyens d'autant plus soucieux du bien commun que le parti auquel ils appartiennent leur enseigne leurs droits et surtout leurs devoirs à l'égard de la société. A l'intention de l'ensemble des chrétiens en tant que citoyens, les évêques leur rappellent leur devoir de participation politique, surtout en matière d'élection. Il leur est demandé de ne porter leur choix que sur un candidat intellectuellement capable et moralement

[292] - R. Berthouzoz, « L'Eglise dans le dialogue social » *in Cahier Cidresoc*, 1, 1998.

honnête. A cet effet, les chrétiens citoyens doivent être attentifs pour ne pas voter en fonction de préférences tribales ou régionalistes. Enfin, les lettres pastorales s'adressent aux agents pastoraux que sont les prêtres, les religieux, les religieuses et les catéchistes. Ceux-ci doivent se comporter dans la société à la fois comme des « prophètes » et des « tribuns » pour dénoncer les injustices et encourager les aspirations à la démocratie.

En définitive, ce sont les croyances, à travers les différentes confessions religieuses, qui doivent éclairer la scène politique. Dans un Etat laïc, la tâche des différentes confessions religieuses consiste à tempérer les passions, à gérer le consensus comme règle et idéal, et en fin de compte, à sauvegarder l'égalité et l'équilibre de l'expression entre les différentes positions[293]. Les croyances ont une contribution vitale à apporter à la stabilité de la RCA, tant au niveau des valeurs qu'à celui des institutions, d'autant que les projections économiques sont désastreuses, les perspectives politiques sombres et les conditions sociales plus que jamais alarmantes. La responsabilité des croyants à l'égard de la crise multiforme que connaît aujourd'hui la RCA se trouve directement engagée.

R. Mawuto et O.P. Afan proposent trois voies par lesquelles les différentes confessions religieuses peuvent être au service de l'Etat laïc. En premier lieu, les responsables des Eglises et des confessions religieuses doivent affirmer l'égalité des Hommes en prêchant la recherche de la justice. En second lieu, les Eglises doivent situer l'Homme dans la communauté à laquelle il appartient ; en ce sens l'Homme est invité à insérer son activité politique dans une perspective communautaire. Enfin, le troisième élément qui met les croyances au

---

[293] - R. Mawuto, O.P. Afan, *La participation démocratique en Afrique. Ethique politique et engagement chrétien*, Paris, Editions du Cerf, 2001, p.227.

service de l'Etat laïc concerne la responsabilité de l'Homme politique qui doit rendre compte à son électorat. La participation politique doit avoir comme orientation le choix d'un ordre social juste dans lequel les gouvernants ont à associer la population à la gestion publique et à lui rendre compte régulièrement.

Toutefois, la place des Eglises et leur rapport avec les autorités politiques dépendent des personnes au pouvoir. C'est pourquoi, en RCA, la situation peut varier, allant d'une collaboration harmonieuse à une sorte de guerre ouverte entre les croyances et le pouvoir.

B. L'Etat laïc garant des croyances

Si l'on se reporte au dictionnaire l'adjectif laïc désigne ce qui n'est pas ecclésiastique, ce qui n'est pas religieux. Cette première définition montre que le mot « laïc » a plusieurs sens. En effet, dans le vocabulaire de l'Eglise catholique par exemple, laïc s'oppose à clerc dans le cadre d'une même religion. De là, on est passé à un autre sens puisque laïc va s'opposer à religieux. En ce sens, l'Etat laïc, c'est un Etat qui n'est pas religieux, c'est-à-dire qui se situe en dehors de la religion ; d'où l'idée d'un conflit possible entre la société laïque représentée par l'Etat et la société religieuse. Le petit Larousse nous renseigne sur le sens du mot laïcité en le définissant comme « un système qui exclut les Eglises de l'exercice du pouvoir politique ou administratif, et en particulier de l'organisation de l'enseignement »[294]. Autrement dit, au regard de l'Etat, le seul titre de la religion c'est la « liberté individuelle » qui, en matière spirituelle, se traduit par la « liberté de conscience », la « liberté de croire ou de ne pas croire ». L'Etat laïc est cet Etat qui reconnaît à son peuple l'autonomie individuelle de choisir aussi bien dans le

[294] - *Dictionnaire Le Petit Larousse,* 1970, Voir « Laïcité ».

domaine politique que dans le domaine spirituel. A l'époque contemporaine les attitudes vis-à-vis de la laïcité sont contradictoires. D'une part, certains défendent l'idée selon laquelle la liberté de religion implique la possibilité pour les institutions religieuses d'intervenir activement dans le social. D'autre part, certains mouvements religieux considèrent que les Eglises n'ont pas à remplir les fonctions propres à l'Etat, même si le pouvoir politique doit garantir le droit à adopter des croyances et à les pratiquer. Ces différends correspondent à des prises de position antagonistes concernant l'origine du pouvoir. Pour les uns, il appartient à la religion de structurer la société, et il importe qu'il existe une garantie en ce sens, pour les autres, et en accord avec un laïcisme conséquent, l'État doit, et peut, disposer de fonctions d'intégration sociale, dans la mesure où le pouvoir émane de la société elle-même et non d'une source externe, comme pourrait l'être le surnaturel.

Peut être sommes-nous là, en RCA, à la racine de l'un des problèmes de consolidation de la stabilité qui peine à départager le temporel du spirituel. A supposer que l'on analyse deux pays, la France et les Etats-Unis d'Amérique par exemple, où la laïcité a réussi à s'insérer dans la vie quotidienne en s'invitant dans les débats politiques. En France, le débat houleux sur la laïcité a fait écrire à R. Escarpit un ouvrage intitulé *Ecole laïque, école du peuple*. Cet auteur considère que l'Etat est à l'image d'une école, une « école démocratique », qui s'institue en dehors de toute croyance religieuse, à l'abri de tout pouvoir spirituel : celui des croyants ou celui des incroyants[295]. Dans cette perspective, l'Etat laïc doit libérer le peuple de tous les cléricalismes. La formule « *Cujus regio, Ejus religio* », littéralement traduit par « Tel prince telle religion », a été combattue pour régler le conflit qui

[295] - R. Escarpit, *Ecole laïque, école du peuple*, Paris, Editions Calman-Levy, 1961.

opposa la puissante Eglise catholique et les rois. Ceci s'explique, en particulier, que la neutralité spirituelle de l'Etat se doit dégagée en réaction contre la montée, non seulement des anciennes confessions telles catholiques et protestants, mais aussi des Eglises réformées qui émergent. Aux Etats-Unis d'Amérique, la laïcité s'est acclimatée dans des conditions particulières. C'est ainsi que le premier amendement à la Constitution américaine affirme : « Le Congrès ne pourra faire aucune loi tendant à rendre une religion officielle ou en interdisant le libre exercice »[296]. La laïcité américaine s'est développée dans un contexte sociologique précis où les différentes confessions religieuses s'occupent du salut des âmes de leurs fidèles pour prétendre régenter l'Etat.

En fait, les principes qui définissent un Etat laïc comportent autant de droits et de devoirs pour l'Etat[297]. Dans cette perspective, la liberté religieuse, ou plus exactement la liberté de religion, s'exprime en dehors de toute imposition, de tout favoritisme ou de toute autre exclusion confessionnelle, de toute intolérance et de tout préjugé, en tant que manifestation des droits de l'homme tels que ceux-ci trouvent leur expression dans la liberté de conscience et de culte préféré de chacun. La Déclaration universelle des droits à laquelle la RCA a affirmé son attachement dans le Préambule de sa Constitution stipule que « Toute personne a droit à la liberté de pensée, de conscience et de religion; ce droit implique la liberté de changer de religion ou de conviction ainsi que la liberté de manifester sa religion ou sa conviction, seule ou en commun, tant en public qu'en privé, par l'enseignement,

---

[296] - R.C. Macridis, « Les relations entre l'Etat et les eglises d'après la Constitution des Etats-Unis » *in La laïcité*, Bibliothèque des Centres d'Etudes supérieures spécialisées, Université d'Aix-Marseille, T. VI. Paris, Editions P.U.F. 1960, p.521-526.

[297] - Jorge Ramírez Calzadilla, « Laïcité, liberté de religion, État laïque », *Archives de sciences sociales des religions* [En ligne], 146 | avril-juin 2009, mis en ligne le 01 juillet 2012, consulté le 02 novembre 2016. URL : http://assr.revues.org/21278 ; DOI : 10.4000/assr.21278

les pratiques, le culte et l'accomplissement des rites »[298]. Aux termes de cette Déclaration, la liberté religieuse a subi de nombreuses interprétations et applications en fonction des conjonctures propres à chaque Etat. Toutefois, en principe, la liberté de religion est non seulement synonyme de pluralité religieuse, comme le défend la libre pensée, mais aussi de possibilité, pour les sujets et les groupes, de choisir une forme de religion ou de n'en choisir aucune, en dehors de toute contrainte ou de toute implication négative.

L'un des aspects qui a donné lieu à la religion une dimension problématique est le Droit de pratiquer l'une ou l'autre de ses formes ou de n'en pratiquer aucune. La religion a été présente dans bien de violent conflit. Elle a été la cause principale ou apparente de la guerre civile en RCA où l'expérience révèle que les croyances, dans leurs divers rapports avec les phénomènes sociaux et l'Etat, ainsi que dans les relations interpersonnelles, ne sont pas allées dans le sens attendu. Dans les faits, la non-croyance et l'athéisme sont considérés comme la preuve d'un manque de valeurs éthiques. «Athée» signifiant étymologiquement «sans dieu», il s'agit de la conception dans laquelle est exclue l'acceptation de Dieu ou de dieux[299]. Toutefois, cet adjectif n'est pas synonyme de non-croyant, dans la mesure où la pratique sociale nous montre qu'il existe certaines croyances religieuses qui ne se structurent pas sous forme de figure dotée des attributs suprêmes qui, historiquement, sont attribués à la divinité. La laïcité est donc un sujet d'actualité en RCA en raison de l'évocation d'un conflit stérile qui oppose chrétiens et musulmans. Le pays a donc un long chemin à parcourir avant de parvenir à la construction d'une société exempte

---

298 - Article 18 de la Déclaration universelle des droits de l'homme adoptée et proclamée par l'Assemblée générale des Nations Unies, dans sa résolution 217 A (III) du 10 décembre 1948.

299 - Jorge Ramírez Calzadilla, « Laïcité, liberté de religion, État laïque » : op.cit.

d'intolérance, de préjugés et de discriminations.Un enjeu important concerne le caractère public ou privé de la religion. L'expérience montre qu'il ne saurait être question de nier la dimension sociale propre à la religion, non seulement parce que celle-ci constitue en elle-même un phénomène social, mais aussi parce que ses adeptes sont des êtres sociaux de par leur nature humaine, au même titre que les non-croyants. Le problème se situe à la limite entre le domaine public et les prétentions politiques des organisations religieuses et pose qu'il n'est pas opportun que la religion participe du pouvoir politique en tant qu'élément de légitimation d'un système ou d'un régime déterminé, voire d'un parti spécifique, ni qu'une institution religieuse quelconque soit habilitée à prendre des décisions en matière politique, ou soit privilégiée par l'État, cela afin d'éviter toute discrimination vis-à-vis d'autres institutions et croyances religieuses.

Ainsi, la liberté de religion doit être traitée de façon objective. On ne saurait ni la sous-estimer ni la surestimer. L'expression concrète la plus évidente de la laïcité pourrait se trouver dans l'application juridique et dans la pratique étatique. En matière de religion et de croyances, l'Etat doit être régi par la loi, c'est-à-dire aussi bien par les articles de la Constitution que par certaines réglementations spécifiques. Les règles en vigueur doivent non seulement être conformes à la Constitution, mais aussi réglementer les activités rituelles, le traitement réservé aux associations religieuses, leurs possibilités d'action et leurs droits face à l'Etat. C'est en fonction de la nature de sa législation, mais plus encore en fonction de sa manière d'agir dans la pratique, que l'on pourra considérer la RCA comme un Etat laïc. C'est à la Constitution et aux règles subséquentes d'établir des interdictions ou des normes restrictives. On peut, par exemple, interdire aux ministres, députés, responsables des administrations publiques et des sociétés d'Etat ou autres dignitaires, d'occuper des postes religieux tels que ceux de chefs hiérarchiques d'une confession religieuse, et vice-versa pour les autorités religieuses. La sphère politique n'est pas la seule à traiter de la laïcité ou de la liberté de religion. Diverses institutions de la République peuvent servir de fondement juridique et affirmer la volonté générale de tout un peuple de respecter le principe politique de la laïcité.

Section 2. Les principes républicains

La conception d'un destin public varie d'un Etat à un autre, d'où l'idée du pouvoir que chaque peuple se donne : monarchie ou république. La notion d'idée est définie comme une « conception de l'esprit » ou une « représentation abstraite, une pensée »[300]. Cette représentation abstraite des valeurs fondamentales ou cette pensée consensuelle des piliers de la société, en d'autres termes cette idée se manifeste dans la Constitution et se répercute dans la pratique des institutions. Cette idée est donc la ligne directrice qui fixe le statut du pouvoir et définit les valeurs juridiques, politiques, économiques, sociales et culturelles auxquelles le peuple adhère à un moment donné[301]. L'art de gérer le pouvoir de l'Etat s'est organisé autour de la République que le peuple centrafricain a choisie comme destin public. La République s'est manifestée par la mise en place d'un système constitué d'un ensemble d'institutions, de règles et de comportements dont les principes républicains sont la dignité (Paragraphe 1) et le travail (Paragraphe 2) sur lesquels il convient de fonder le Droit centrafricain.

---

300 - *Dictionnaire de la langue française*, voir « Idée ».

301 - A. Adam, « Sur les valeurs juridiques fondamentales » *in Démocratie et liberté : tension dialogue, confrontation, Mélange en l'honneur de Slobodan Milacic*, Bruxelles, Editions Bruylant, 2008, p.25-37.

Paragraphe 1. La dignité

La dignité apparaît comme un principe à la fois politique et juridique si l'on en croit la place qu'on lui accorde dès la création de la RCA. En effet, dans la première moitié du XIXe siècle l'esclavage dominait en RCA, et son abolition a amené les colonisateurs à instaurer le régime du travail forcé assimilable à la corvée qui a nécessité la mobilisation d'une main d'œuvre indigène[302]. Dénoncé comme un asservissement du peuple centrafricain, le travail forcé a affecté la dignité due à tout être humain. Ayant personnellement vécu les affres de la colonisation, B. Boganda a été animé par le souci d'assurer à tout Centrafricain le respect de la dignité dont il tirera le principe de « Zo Kwe Zo », littéralement entendu comme « Tout Homme est Homme ». Ce principe lui a valu le titre de « Père fondateur » de la RCA, lui qui avait rêvé de l'Indépendance qu'il n'a jamais connu, car le 29 mars 1959, il périt dans un accident d'avion dont les circonstances restent encore non élucidées[303]. Ainsi, la dignité de la personne a été consacrée en tant que principe qui a figuré dans toutes les Constitutions successives de la RCA. Elle imprègne certes les droits de la personne (A) mais, en tant que principe elle doit aussi être exprimée dans les comportements (B).

A. La dignité de la personne

L'histoire de la dignité de la personne saisie par le Droit n'a été que récemment consacrée, mais l'origine du mot remonte à loin, car on en retrouve les traces à la fois dans le latin et dans le grec. L'étymologie latine de la dignité,

[302] - Babacar Fall, « Le travail force en Afrique occidentale française (1900-1946) » *in Civilisations*, 41, 1993, p. 329-336.
[303] - P. Kalck, *Barthelemy BOGANDA : 1910-1959 élu de Dieu et des centrafricains*, Saint Maur, Editions Sepia, 1995.

dignitas, dégage une idée de ce qui est « convenable » ; quant à son acception grecque, elle équivaut à *axios*, c'est-à-dire convenable également. C'est pourquoi, selon M. Fabre-Magnan, la dignité est « une notion liée à la constitution de l'esprit humain et un axiome d'un point de vue juridique »[304].

Il règne actuellement une double confusion au sujet de la dignité. La première conception concerne la relation que l'on peut avoir avec son sens, la seconde celle que l'on peut avoir avec son usage. Il importe de rappeler que s'agissant de son sens, il est fréquent d'utiliser le terme de dignité alors que l'on entend autre chose. Il importe de le rappeler. E. Kant définit remarquablement la notion de dignité lorsque, dans *Les fondements de la métaphysique des mœurs,* s'intéressant aux fins ultimes de l'humanité, il explique que la dignité réside dans le fait que la vie humaine est sans prix. E. Kant veut dire par là que, la Raison étant ce que l'humanité possède de plus précieux au monde, l'Homme, qui est le porteur de la Raison, doit être respecté comme une fin en soi et non comme un moyen. D'où la dignité de l'Homme[305].

En conséquence de quoi, tout ce qui se sert de l'Homme comme un moyen, même pour la plus noble des causes, ne respecte ni la Raison ni l'Homme. En RCA, la dignité apparaît plus que jamais comme une norme de principe consacrée par la Constitution. Mais, même ainsi affirmé, le principe de dignité n'est pas encore perçu comme autonome et opératoire, c'est-à-dire comme un concept juridique susceptible d'être invoqué directement devant les tribunaux. Il est simplement un principe général inspirant plusieurs règles et plusieurs droits. Par contre, c'est en France que le Conseil constitutionnel, dans une

---

304 - M. Fabre-Magnan, « La dignité en Droit : un axiome », *Revue interdisciplinaire d'études juridiques* 1/2007 (Volume 58), p. 2.

305 - E. Kant, *Les fondements de la métaphysique des mœurs*, Paris, Editions Le Livre de poche, 1993.

décision du 27 juillet 1994 rendue à propos de certaines lois, a reconnu à la dignité une valeur constitutionnelle en énonçant que « la sauvegarde de la dignité de la personne humaine contre toute forme d'asservissement et de dégradation est un principe à valeur constitutionnelle »[306].

En RCA, la barbarie qui s'est manifesté lors des conflits a entraîné la déshumanisation de l'être humain, le privant ainsi de sa dignité. De l'esclavage aux dégradations de la vie quotidienne, en passant pas le travail forcé, le despotisme, la torture et les exécutions extrajudiciaires, la notion de dignité s'est éclipsée dans l'application du Droit[307]. Il est donc temps que le Droit trouve une application concrète dans la notion de dignité qui est le fondement de tous droits[308] et qui n'a pour objectif que de protéger non pas une personne particulière, ni même une catégorie de personnes, mais la personne humaine[309].

Selon la célèbre formule de E. Kant « Dans le règne des fins, tout a un prix ou une dignité. Ce qui a une dignité est ce qui est supérieur à tout prix, ce qui n'admet pas d'équivalent ; ce qui constitue la condition qui seule peut faire quelque chose est une fin en soi, cela n'a pas seulement une valeur relative, c'est-à-dire une dignité »[310]. Autrement dit, le principe de dignité dégage à la fois une valeur, égale à pour tous les êtres humaines, et une condition humaine. Le problème qui se pose en RCA est

---

306 - Décision du 29 juillet 1998 sur la loi d'orientation relative à la lutte contre les exclusions, ou encore Décision du 19 janvier 1995 à propos de la loi relative à la diversité de l'habitat.

307 - J. -P. Lebrun, *La Perversion ordinaire*, Paris, Editions Denoël, 2007.

308 - C. Girard et S. Hennette-Vauchez (dir.), *La dignité de la personne humaine, Recherche sur un processus de juridicisation*, Paris, Editions P.U.F., coll. « Droit et justice », 2005.

309 - Voir en ce sens N. Molfessis, « La dignité de la personne humaine en droit civil » *in* Th. Revet et M.-L. Pavia (dir.), *La dignité de la personne humaine*, Paris, Editions Economica, coll. « Études juridiques », 1999, p. 107.

310 - E. Kant, *Fondements de la métaphysique des mœurs*, trad. Delbos, Paris 1952, p. 160.

de savoir comment préserver la dignité de la personne. La dignité est le principe premier du système juridique parce que la personne humaine est l'horizon ultime du Droit, en réalité sa finalité. Le principe de dignité pose ainsi la primauté de l'être humain sur tout autre intérêt. L'article 2 de la Convention d'Oviedo sur les Droits de l'Homme et la biomédecine de 1997, intitulé précisément « Primauté de l'être humain » énonce fort opportunément que « l'intérêt et le bien de l'être humain doivent prévaloir sur le seul intérêt de la société ou de la science ».

En effet, le respect de la dignité de la personne, en RCA, passe par la satisfaction de certains droits qui impliquent une intervention positive, voire une prestation positive, de la société au sein de laquelle vit l'individu. C'est ainsi que dans la catégorisation des droits de l'homme certains auteurs ont employé l'expression « droits créances »[311] qui, selon R. Pelloux, confère « à l'individu le droit d'exiger certaines prestations de la part de la société ou de l'Etat : par exemple droit au travail, droit à l'instruction, droit à l'assistance »[312]. Inspirés par l'idéologie socialiste, ces droits appellent une intervention beaucoup plus poussée de l'Etat qui, seul, peut en assurer la jouissance effective. La personne est considérée comme un être social et se voit reconnaître le droit d'exiger certaines prestations ou, au moins, que des efforts soient consentis par la collectivité en vue de son bien-être, qu'il s'agisse du droit au travail, à la sécurité sociale, à la santé ou à l'éducation. Ces droits créances présupposent ainsi une conception de l'« Etat-providence », doté du pouvoir d'intervenir dans la vie sociale. Ces droits voient leur réalisation subordonnée à l'organisation des services

---

311 - L. Gay, « La notion de « droits créances » à l'épreuve du contrôle de constitutionnalité » *in Cahiers du Conseil constitutionnel*, n°16, juin, 2004.

312 - R. Pelloux, « Vrais et faux droits de l'homme, problèmes de définition et de classification » *in RD publ.*, 1981, p. 54.

publics par l'Etat, selon la conception française[313]. Ainsi, pour garantir la dignité le législateur centrafricain se doit d'intervenir en adoptant des dispositifs poursuivant un objectif social comme par exemple dégager des emplois ou protéger la santé publique. Le caractère collectif d'une telle intervention mérite de garantir la dignité à travers une politique sociale dont la charge pèse sur l'Etat. En RCA, l'option libérale est choisie, en témoigne son adhésion aux textes internationaux en matière économique et sociale[314]. Mais, surtout, la Constitution entend faire du secteur des droits économiques et sociaux une priorité d'action par la consécration des droits à défendre et à sécuriser par l'Etat. A ce titre, divers droits sont reconnus aux citoyens[315]. Cette catégorie des droits de l'homme, qui englobe les droits à la sécurité sociale, au travail, au repos, à un « niveau de vie suffisant », à l'éducation et à la culture, est plus que connue sous l'appellation de « droits programmatoires »[316].

La lutte pour la dignité humaine passe indéniablement par la satisfaction des besoins élémentaires de l'être humain[317]. La consécration de ces droits et leur mise en œuvre seraient de nature à assurer une sécurité économique et sociale, le but recherché étant de garantir des moyens d'existence à chaque individu en lui procurant

---

313 - J. Morange, *Manuel des droits de l'homme et libertés fondamentales*, Paris, Editions P.U.F., Collection Droit fondamental, 2007, p.142.

314 - Le Préambule de la Constitution et le Titre I consacré aux « Bases fondamentales de la société » reconnaissent les droits économiques, sociaux et culturels : Constitution du 30 mars 2016.

315 - la Constitution consacre entre autres :
- le droit à la libre entreprise ;
- le droit pour toute personne de choisir librement sa profession et son emploie ;
- l'égal accès aux emplois publics et privés ;
- le droit syndical ; ;
- le droit de grève dans les secteurs public et privé ;

316 - P. Wachsmann, *Les droits de l'homme*, Paris, 5ème édition Dalloz, coll. Connaissance du droit, 2008, p.127.

317 - M.-L. Pavia, « La dignité de la personne humaine » *in* R. Cabrillac, M.A. Frison-Roche, T. Revet (dir.), *Droits et libertés fondamentaux* : op.cit.p.142.

un travail[318]. Toutefois, malgré ces dispositions textuelles, la réalité économique et sociale ne permet pas à tous les individus et ayant les compétences requises d'obtenir un emploi stable, durable et rémunérateur. Dans ces conditions, se pose la question de l'effectivité des droits économiques, sociaux et culturels en RCA. Il s'agit non seulement de mesurer, en théorie, quelle est cette place dans les instruments de protection comme la Constitution ou les lois, mais aussi de voir comment en pratique, sont mis en œuvre ces droits et quelles sont les difficultés qui en empêchent la concrétisation.

En définitive, disposer d'un toit, avoir la possibilité de se nourrir, de s'abriter dans un endroit décent, d'accéder à l'emploi, à la santé, à l'éducation et à la culture relève de ce qui est le minimum exigible en RCA, en vue d'être digne. Il y a plus encore. Le principe de dignité de la personne humaine prime en réalité sur tous les autres droits et libertés fondamentaux. Dans toutes les grandes chartes et déclarations des droits de l'homme, il existe une disposition qui interdit l'abus de droit, lequel consiste à utiliser un droit de l'homme pour porter atteinte à d'autres droits et libertés fondamentaux. Ainsi, par exemple, l'article 30 de la Déclaration universelle des Droits de l'Homme de 1948 énonce que : « Aucune disposition de la présente Déclaration ne peut être interprétée comme impliquant pour un État, un groupement ou un individu un droit quelconque de se livrer à une activité ou d'accomplir un acte visant à la destruction des droits et libertés qui y sont énoncés ». La dignité prime sur tous les autres droits et resterait alors un principe fondamental sur lequel viendraient siéger tous les droits. Son respect permet de préserver les droits de l'homme traditionnels tels que

---

[318] - Comité des droits économiques, sociaux et culturels, *Le droit au travail*, observation générale n°18, adoptée le 24 novembre 2005, 35ème session des 7-25 novembre 2005, Nations Unies, Genève 2005.

l'interdiction des traitements inhumains ou dégradants, de l'esclavage, des travaux forcés ou encore des actes de tortures et de barbarie.

B. Être digne

Selon la définition du *Dictionnaire Littré*, la dignité est aussi un « respect qu'on se doit à soi-même ». Le lien entre la dignité et le respect de soi est dégagé par la philosophie de E. Kant qui précise qu'il faut bien traiter l'humanité aussi bien dans sa personne que dans la personne de tout autre [319]. La dignité est, à cet effet, confondue avec le droit à l'honneur, surtout lorsque l'on parle de la considération attachée à une personne. On est loin de la sphère juridique et de la dynamique politique pour aborder le comportemental, mais beaucoup plus dans le sens humain où dire que la dignité est une valeur que tout être humain en tant que tel possède quels que soient son niveau intellectuel et physique, sa position sociale et professionnelle, etc. Il s'agit ici de l'usage de la dignité.

Etre digne, c'est posséder des valeurs dans n'importe quel domaine à l'instar des expressions digne de confiance, d'amitié, d'intérêt, etc. Pour cela, il faut avoir les qualités requises en la matière, par exemple pour la confiance. Il faut être une personne capable de garder un secret. Il faut être honnête, par exemple être à la hauteur de ses responsabilités en étant en adéquation avec soi-même. Autrement dit il faut afficher une certaine noblesse morale dans ses actes, dans sa façon d'être et de penser. Ainsi, quand des salariés en grève réclament la dignité au travail, ils pensent à leur dignité plus qu'à la dignité, car ils entendent par dignité le respect du salarié, sa considération ainsi que sa reconnaissance. De même,

---

[319] - M. Canto-Sperber (dir.), *Dictionnaire d'éthique et de philosophie morale*, Paris, Editions P.U.F., 1996, Voir « Dignité et respect de soi ».

quand on entend dire que l'on a « sa dignité », on a affaire à quelqu'un expliquant qu'il a sa fierté et que son amour-propre l'empêche de tolérer n'importe quoi, notamment le fait de se laisser malmener par quelque personne que ce soit.

Etre digne, c'est donc mériter le respect parce que l'on possède des qualités humaines qui font que l'on est respectable et respecté. Par exemple, une personne pauvre n'ira pas pleurer ou quémander la charité, elle gardera sa dignité ou la tête haute en essayant de se débrouiller seule. Paradoxalement, une personne peut se résoudre à demander l'aide d'un tiers et ne pas pour autant perdre sa dignité. Prendre comme un principe le fait de ne pas solliciter l'aide d'un tiers alors qu'elle est nécessaire relèverait d'une fierté contraire au principe d'être digne. Mais le référentiel de la dignité varie d'un individu à l'autre, d'un système social à l'autre, d'une époque et d'un pays à l'autre. En RCA, le respect du Droit est l'une des valeurs à laquelle toute personne se trouvant sur le territoire est soumise parce que tout le monde est digne. La rectitude requiert une définition du rôle de chaque citoyen centrafricain. Chaque citoyen est digne à sa façon, mais le dénominateur commun réside dans le respect des lois établies à travers l'ensemble des mœurs de la société à laquelle il appartient. Les citoyens d'un même Etat forment donc une communauté politique. Dans cette communauté, J.J. Rousseau estime qu'un citoyen est un membre de la volonté générale : « chaque individu est à la fois citoyen et sujet : il est citoyen en tant qu'il est actif et participe à l'élaboration des lois, il est sujet en tant qu'il est passif et doit obéir aux lois »[320].

En RCA, aucun dirigeant ni leader politique n'a été capable de se distinguer par un leadership d'excellence, du moins aucun n'a été trouvé digne de l'être. Plusieurs

[320] - J.J. Rousseau : *Du contrat* social, Paris, Editions Flammarion GF, 2001, p.41.

adjectifs sont utilisés pour qualifier leur comportement : prédateur, soudard, démagogue, pilleur, sadique, mégalomane, corrompu, dictateur, etc. L'image de la RCA est donc minée par le comportement de ses représentants qui n'affichent pas une bonne image du fait de la pratique de la corruption et d'une mauvaise gouvernance. C'est plutôt le peuple centrafricain qui coule sous le poids d'une paupérisation qui est cependant le cheval de bataille de tout discours politique. L'édification d'une RCA forte et unie a laissé place à une « tribalisation », une « clanisation » du pouvoir et, aujourd'hui, une pseudo-partition du pays. Il est impossible de parler d'unité, d'union et/ou de réconciliation entre Centrafricains tant que dirigeants et leaders semblent faire corps avec la maxime « diviser pour mieux régner ». De la lutte émancipatrice de B. Boganda, Père fondateur de la RCA, à nos jours, on distingue plusieurs profils de dirigeants centrafricains. Qu'ils soient officiers, intellectuels, technocrates, putschistes, enfants de Présidents ou hommes d'affaires, plusieurs sont arrivés à la tête de la RCA dans des conditions douteuses. Voulant satisfaire aux intérêts de ceux qui les ont aidés à briguer la magistrature suprême certains ont tourné le dos à leur objectif principal, à savoir œuvrer au vrai épanouissement de la population centrafricaine qui, n'attendant plus rien de ses dirigeants, s'est retrouvée livrée à elle-même. Quelle est alors l'image digne de la RCA ?

Tout n'est que désolation, et la corruption s'avère l'unique solution pour survivre au quotidien. C'est dire si la dignité est un enjeu majeur en RCA, il est vrai que ce combat n'est pas gagné d'avance, mais il n'est pas perdu d'avance non plus. On ne foule pas aux pieds impunément la dignité de l'Homme, et, en RCA, elle s'obtiendra, entre autres, par le travail.

Paragraphe 2. Le travail

Selon A. Smith « Le travail annuel d'une Nation est le fonds primitif qui fournit à sa consommation annuelle toutes les choses nécessaires et commodes à la vie ; et ces choses sont toujours ou le produit immédiat de ce travail, ou achetées des autres nations avec ce produit »[321]. L'origine du cycle d'instabilité et de conflits qui secoue la RCA peut être recherchée dans la précarité sociale. Cette situation souvent développée et étudiée en sciences sociales est abordée comme « l'absence d'une ou plusieurs des sécurités permettant aux personnes et aux familles d'assumer leurs responsabilités élémentaires et de jouir de leurs droits fondamentaux »[322]. Cette précarité constitue une menace constante pesant sur l'Etat. Elle peut avoir des conséquences graves et définitives[323]. Selon W. Salim Safi, une société disposant de solides ressources sociales et surtout économiques réparties de façon équilibrée est plus en mesure de gérer les tensions en minimisant les risques de rupture institutionnelle et sociale qu'une société affectée par des disparités socio-économiques extrêmes[324].

En RCA, les situations de précarité se sont multipliées : emplois précaires, sous-emploi, chômage, pauvreté salariale, pauvreté laborieuse, c'est-à-dire des personnes ayant occupé un emploi au moins un mois dans l'année et se trouvant pourtant sous le seuil de pauvreté[325]. La précarité, qui désigne un état provisoire, incertain et fragile est souvent assimilée à la pauvreté ou aux emplois

---

321 - A. Smith, *Recherche sur la nature et les causes de la richesse des nations*, Paris, Editions GF-Flammarion, 1776, I, p.65.

322 - J. Wresinski, *Grande pauvreté et précarité économique et sociale*, Paris, Editions J.O, p.14.

323 - C. Avenel et F. Thibault, « Précarité et insécurité et insécurité sociale » *in Problèmes politiques et sociaux*, n°921, La Documentation française, 2006.

324 - W. Salim Safi, « La disparité socio-économique comme facteur de désintégration » *in Confluences Méditerranée*, n°47, octobre 2003 Paris, Editions L'Harmattan, 2003.

325 - J. Damon « Pauvreté laborieuse et protection sociale » *in Informations sociales*, 6/2007, n° 142, p. 40-52.

atypiques, ou encore au chômage de masse. L'existence de l'insécurité masque les problèmes sociaux alors qu'ils en sont une source évidente. La grande majorité de la population est dépourvue de revenus nécessaires pour satisfaire ses besoins quotidiens. En effet, le principe à partir duquel il est possible de concevoir le travail peut être rangé dans deux grandes catégories : dans la première figurent les demandes d'accès à l'emploi (A) et dans la seconde se pose la question de savoir comment promouvoir le travail en RCA (B).

A. Le droit au travail

Le droit au travail trouve une traduction spécifique dans les relations entre travailleurs et employeurs. En RCA la Constitution énonce le cadre dans lequel le droit au travail doit s'exercer de la manière suivante « La République garantit à chaque citoyen le droit au travail, à un environnement sain, au repos et aux loisirs dans le respect des exigences du développement national. Elle lui assure les conditions favorables à son épanouissement par une politique efficiente de l'emploi. Tous les citoyens sont égaux devant l'emploi. Nul ne peut être lésé dans son travail ou son emploi en raison de ses origines, de son sexe, de ses opinions ou de ses croyances. Tout travailleur participe, par l'intermédiaire de ses représentants, à la détermination des conditions de travail. Des lois fixent les conditions d'assistance et de protection accordées aux travailleurs, plus particulièrement aux plus jeunes, aux plus âgés, aux personnes handicapées et aux minorités »[326].

A ceci s'ajoute que « seul le travail opiniâtre ainsi que la gestion rationnelle, rigoureuse et transparente de la chose publique et de l'environnement peuvent assurer un

---

[326] - Article 11 de la Constitution du 30 mars 2016.

développement harmonieux et durable »[327]. Consacrer le droit au travail, c'est, selon G. Burdeau, « admettre que les travailleurs ont droit, dans leur situation, leur mode de vie, leurs chances à quelque chose de plus que ce qu'ils pourraient attendre du jeu spontané des lois naturelles »[328]. En cela, le droit d'obtenir un emploi assure la sécurité et affranchit de la crainte du lendemain qui asservit la condition prolétarienne[329]. Ce droit au travail peut être considéré comme inhérent à la nature humaine, donc exigeant une intervention positive de l'Etat[330]. C'est la raison pour laquelle les instruments de protection du droit au travail garantissent la dignité du travailleur et l'humanisation du travail[331]. Le droit à la dignité par le travail est indispensable car, sans lui, le travailleur ne peut espérer que les secours de la charité ou de l'assistance[332]. Quant à l'humanisation du travail, elle garantit non seulement un travail productif, mais aussi un salaire permettant une vie décente en rapport avec les capacités de celui qui le fournit[333].

---

327 - Voir Paragraphe 4 du Préambule de la Constitution du 30 mars 2016.

328 - G. Burdeau, *Manuel de droit public. Les libertés publiques. Les droits sociaux*, Paris, Editions Librairie générale de droit et de jurisprudence, 1948, p. 288.

329 - cf. Article 6.1 du « Pacte international relatif aux droits économiques, sociaux et culturels » adopté et ouvert à la signature, à la ratification et à l'adhésion par l'Assemblée générale des Nations Unies dans sa Résolution 2200 A (XXI) du 16 décembre 1966 entré en vigueur le 13 janvier 1976, conformément aux dispositions de l'article 27, ratifié le 8 mai 1981.

330 - Comite Des Droits Economiques, Sociaux Et Culturels, *Le droit au travail*, observation générale n°18, adoptée le 24 novembre 2005, 35ème session des 7-25 novembre 2005, Nations Unies, Genève 2005.

331 - « Toute personne a droit au travail, au libre choix de son travail, à des conditions équitables et satisfaisantes de travail et à la protection contre le chômage » - cf. Article 23.1 de la *Déclaration universelle des droits de l'homme* adoptée et proclamée par l'Assemblée générale des Nations Unies dans sa Résolution 217 A (III) du 10 décembre 1948.

332 - cf. Résolution 2625 (XXV) du 24 octobre 1970 portant « *Déclaration relative aux principes du Droit international touchant les relations amicales et la coopération entre les Etats conformément à la Charte des Nations Unies* ».

333 - La Convention n°122 de l'Organisation internationale du travail concernant la politique de l'emploi adoptée en 1964 évoque le « plein emploi, productif et librement choisi » liant l'obligation de l'Etat partie de créer les conditions du plein emploi à l'obligation de veiller à l'absence de travail forcé.

En RCA, le principe de travail est un mot connu de tout Centrafricain et est présent dans tout discours officiel. Apparaissant déjà comme l'une des trois composantes de la devise nationale[334], le travail reste la constante de la législation. D'ailleurs, l'une des idéologies laissée par B. Boganda à la RCA restera sa déclaration selon laquelle « Parlons peu, travaillons beaucoup »[335]. Le Code du travail[336] réglemente les conditions dans lesquelles il s'exerce. La législation tient compte de la qualification du travailleur, de la durée du travail, du repos, de la salubrité des ateliers et des usines, de la protection de la maternité et de l'enfance. Aussi, il est reconnu aux travailleurs, la liberté du travail, la liberté syndicale et la défense contre l'oppression.

Le droit au travail existe donc bien, mais sa portée demeure très limitée. Il subit de plein fouet les effets des conflits politiques, militaires et sociaux. Quoiqu'il en soit, un chômeur ne peut espérer trouver un emploi en saisissant un juge sur le fondement de ce droit au travail. De toute façon, il appartient au législateur de poser les règles propres à assurer au mieux le droit pour chacun d'obtenir un emploi. Le but est de permettre l'exercice de ce droit au plus grand nombre et, pour l'atteindre, la RCA doit relever plusieurs défis de taille. Si certains sont d'ordre mondial[337], la plupart sont propres à la situation

---

334 - La devise de la République centrafricaine est « *Unité – Dignité – Travail* » ; Supra, voir Partie 2, p.62.

335 - « Barthelemy Boganda (1910-1959) - une autre histoire : histoires oubliées, histoires occultées », [En ligne], mis en ligne le 8 décembre 2013, URL : http://www.une-autre-histoire.org/barthelemy-boganda-biographie/

336 - cf. Loi n°004.009 du 29 janvier 2009 portant Code du travail en République centrafricaine.

337 - La communauté internationale devra se soucier de la pauvreté, du chômage et de l'exclusion sociale en RCA. Au sommet mondial pour le développement social tenu à Copenhague en 1995, ces questions figuraient en tête du programme d'action mondial. Les Objectifs du Millénaires pour le Développement (OMD) envisagés à New York en 2000 allaient dans le même sens, tout comme le Sommet mondial sur le développement durable de Johannesburg en septembre 2002. – cf. Bureau International De Travail,

politique en RCA, à commencer par ceux qui ont une incidence directe sur les marchés de la main-d'œuvre de la RCA, notamment la faiblesse des secteurs public et privé, la taille très importante de l'économie informelle urbaine, le retard dans la modernisation et/ou la transformation du secteur rural. Ceci rend majeurs les rôles et les fonctions du Ministère du travail, de l'emploi et des affaires sociales.

En particulier, le principe de non discrimination dans l'accès au travail rencontre bien des difficultés pour être appliqué. D'une manière générale, les femmes ont encore beaucoup du mal à accéder au marché de l'emploi, et la part des femmes dans la population active et l'emploi rémunéré reste très faible. L'inégalité entre les sexes demeure une question très préoccupante, et la discrimination fondée sur l'appartenance politique, l'origine sociale, la religion et l'ethnicité persiste pour demandeurs d'emploi. C'est dans ce contexte que la RCA doit relever le défi du Droit social.

B. La promotion de l'emploi

La définition de nouvelles orientations relatives aux politiques de création de travail décent pour tous nécessite, en RCA, une interaction étroite entre les partenaires sociaux, les départements ministériels et un certain nombre de partenaires internationaux dont le Bureau International du Travail (BIT). Les principaux domaines d'action ayant le plus d'impact sur la demande et l'offre de main-d'œuvre doivent être inventoriés[338]. Les principales mesures à prendre à l'appui d'une stratégie de

L'agenda du travail décent en Afrique : 2007-2015, Onzième réunion régionale africaine, Addis-Abeba, Ethiopie – avril 2007.

338 - Pour une description de la nature de ce défi, et des différents moyens de le relever, voir, Bureau International Du Travail, *Mise en œuvre de l'Agenda global pour l'emploi en appui au travail décent*, Genève, 2006.

croissance favorable à l'emploi consistent, entre autres, à réorienter les politiques macroéconomiques et sectorielles en vue de concilier les incitations à l'investissement et à la croissance d'une part, et les impératifs de la création d'emplois productifs et rémunérateurs d'autre part[339].

En RCA, l'Etat est le plus gros employeur. Il recrute ses cadres dans les grandes écoles et dans les universités. La création d'emplois dépend surtout des investisseurs ; dans le secteur public, l'évolution de l'emploi est liée au budget et à l'aide extérieure. Aucune étude sérieuse sur ce sujet n'a été entreprise par les autorités. En effet, les statistiques sur le chômage sont quasi inexistantes. Comme le dit Y. Zoctizoum, en RCA « on vit avec le chômage, mais on ne compte pas les chômeurs »[340]. En cas de besoin, on procède par évaluation théorique, à partir des chiffres sur la population active souvent évaluée théoriquement elle aussi. Le résultat est flagrant : dans les rues, des jeunes traînent parce qu'ils n'ont rien à faire, alors qu'ils aimeraient travailler. Les difficultés commencent quand on veut préciser les situations face à l'emploi de manière à pouvoir catégoriser les individus et donner des chiffres. Dans les catégories, il faut distinguer l'emploi, le chômage et l'inactivité ainsi que le simple souhait de travailler et la recherche d'emploi qui est l'accomplissement des démarches.

Il faut tenir compte du fait que la régulation de la demande constitue un élément significatif des politiques macroéconomiques et que l'investissement, qui doit être suffisamment stimulé par un système d'incitations, dépend de plusieurs facteurs, et non de la seule stabilité macroéconomique. Les politiques publiques et les dépenses publiques en matière d'infrastructure sociale et

---

339 - Commission Economique pour l'Afrique, *Rapport économique sur l'Afrique 2005 : Relever le défi posé par le chômage et la pauvreté en Afrique*, 2005.

340 - Y. Zoctizoum, *Histoire de la Centrafrique*, tome 2 *Violence du développement, domination et inégalités*, Paris, L'Harmattan, 1984, p. 307.

matérielle peuvent aider à rendre l'investissement plus favorable à l'emploi, tandis que les réformes financières et les politiques de libéralisation peuvent être conçues de manière à générer davantage d'emplois.

Des milliers de jeunes qui ont quitté l'école sont exclus du marché de l'emploi et se détournent des programmes de formation professionnelle. Cette « génération perdue » qui augmente d'année en année ne se trouve pas parmi les minorités ethniques ou religieuses, mais dans les familles en général. L'absence de vie familiale conduit à l'échec scolaire, à l'endettement, à l'abus d'alcool et à la dépendance économique. Le phénomène des « enfants de la rue », très répandu sur toute l'étendu du territoire national[341], prend une proportion importante avec la recrudescence de la violence généralisée qui a entraîné l'anomie de l'Etat centrafricain. La plupart des enfants de 6 à 15 ans s'adonne à la mendicité ou exerce de petits métiers peu rémunérateurs. Ils sont exposés à de nombreux risques tels que les accidents de circulation, les abus et sévices sexuels et toutes sortes de violences et d'exploitations économiques. Le travail précoce, qui est la pire des formes d'exploitation des enfants, est assez fréquent. L'incapacité de l'Etat à faire face conduit à la violation du droit au travail.

Cette question touche, selon C. M. Herrera, au droit à la « subsistance sociale »[342] et sous-tend la tension politique qui a marqué l'émergence de la catégorie des droits économiques, sociaux et culturels. Pourtant, ces droits ont été conçus pour promouvoir l'émancipation humaine sans aucune forme d'oppression matérielle. L'idée est apparue pour désigner l'ensemble de revendications dans les domaines sociaux et économiques

---

[341] - M.-C. Courteille, *Enfants des rues en Centrafrique. Voyage en zone rouge*, Paris, Editions L'Harmattan, octobre 2016.

[342] - C. M. Herrera, *Les droits sociaux*, Paris, Editions P.U.F., coll. « Que sais-je », 2009, p. 8

considérés comme des « droits créances » dont le fondement serait à trouver du côté de la solidarité sociale sans laquelle aucune société ne saurait subsister. C'est dans la Déclaration universelle des droits de l'homme qu'apparaît l'expression « sécurité sociale »[343].

L'expression devrait être entendue comme la satisfaction des droits économiques, sociaux et culturels indispensables à la dignité et au libre développement de la personne humaine. La sécurité sociale est ainsi conçue comme une exigence sociale reposant sur l'attribution des droits économiques, sociaux et culturels d'une nature particulière qui ont des objectifs nécessaires à cet « avènement d'un monde où les êtres humains seront libres de parler et de croire, libérés de la terreur et de la misère »[344]. Ainsi, la confusion qui règne dans la programmation des droits économiques sociaux et culturels en RCA témoigne du dysfonctionnement des institutions de l'Etat.

La RCA, d'après sa position géographique, aurait bien pu tirer profit des investissements étrangers pour stimuler une croissance forte et durable et en conséquence éradiquer le chômage, source d'insécurité. La RCA étant caractérisée par un taux de chômage élevé et une insuffisance de capital d'épargne locale, l'investissement étranger représente un moyen de combler ce handicap financier qui pourrait s'avérer la meilleure solution pour résorber le chômage. Cet investissement doit comporter un transfert de technologie qui pourrait s'opérer directement à travers la formation et l'amélioration des qualifications

---

[343] - « *Toute personne, en tant que membre de la société, a droit à la sécurité sociale...* » - cf. Article 22 de la « Déclaration universelle des droits de l'homme » adoptée et proclamée par l'Assemblée générale des Nations Unies dans sa Résolution 217 A (III) du 10 décembre 1948.

[344] - cf. Paragraphe 2 du Préambule de la « *Déclaration universelle des droits de l'homme* » adoptée et proclamée par l'Assemblée générale des Nations Unies dans sa Résolution 217 A (III) du 10 décembre 1948 *in* DUPUY Pierre – Marie, *Les grands textes de droit international public*, Paris, 4ème édition Dalloz, 2004, p.109.

de la main-d'œuvre locale et, indirectement, par la transmission d'un savoir-faire aux entreprises locales.

Les actions des pouvoirs publics se sont centrées sur la construction de quelques infrastructures socio-économiques comme routes, écoles, centres de santé, équipements de télécommunications, etc., pas toujours de bonne qualité. Les dépenses inhérentes n'ont cependant pas amélioré la rentabilité des investissements publics. La conséquence majeure de la chute de l'investissement est l'obsolescence des équipements. Dés lors, la compétitivité des entreprises est malmenée et leur capacité à créer des emplois est très faible. L'environnement des affaires est vite pollué par plusieurs maux qui freinent la création et le développement des entreprises en RCA.

Chapitre 2

Les normes matérielles

Dans le système juridique, les normes sont les règles issues de la Constitution et des Lois. Elles sont rendues générales et obligatoires en vue de répondre aux besoins de la société à un moment donnée. Selon la définition du *Dictionnaire Robert*, une norme est une « construction formée de nombreux éléments coordonnées »[345]. Quant à l'usage de la notion de norme, on peut se référer aux différentes interprétations évoquées dans le *Dictionnaire encyclopédique de théorie et de sociologie du Droit* qui emploie la norme, entre autres, comme un « énoncé impératif ou prescriptif appartenant à un ordre ou un système normatif et obligatoire dans ce système »[346].

En RCA, il est vrai que des procédés normatifs et coercitifs existent bien en Droit pour garantir la puissance de l'Etat. L'ordre juridique de l'Etat est, en effet, sous-tendu par une conception politique déterminée. Autrement dit, l'élaboration du Droit est attribuée à chaque organe compétent de l'Etat. Il s'agit de l'Etat qui met en œuvre un droit positif établi par les autorités habilitées et connu de ceux qu'il entend protéger. Ainsi, la Constitution de la RCA est adoptée par référendum et promulguée par le Président de la République. Les Lois sont votées par le Parlement sur initiative soit du Gouvernement, soit des députés, et les règlements sont pris par les autorités compétentes : Président de la République, Premier ministre, Ministres et Maires. Enfin, les accords ou contrats constituent tout ce qui est négocié. La mise en

[345] - *Dictionnaire Robert*, voir « Norme ».

[346] - Ce dictionnaire dégage quatre principales rubriques de la notion de norme selon les usages spécifiques notamment : norme en général, norme en anthropologie du Droit, norme en sociologie du Droit et norme en théorie du Droit.

œuvre de ce dispositif respecte également ce formalisme : une Loi doit donc être conforme à la Constitution, un contrat doit respecter la Loi, et les accords ne peuvent pas être moins favorables que la Loi. Le Code civil français, applicable également en RCA, est clair, en ce sens lorsqu'il édicte que « On ne peut déroger, par des conventions particulières, aux lois qui intéressent l'ordre public et les bonnes mœurs »[347]. Il s'agit enfin d'un Etat dont le droit, outre le fait d'être formellement hiérarchisé, est matériellement libéral parce que, du point de vue de son contenu, le Droit a aussi consacré les droits de l'homme et a prévu leur protection contre l'arbitraire. Le non-respect de cette architecture a créé un sentiment d'impunité dans la population : les libertés individuelles sont de plus en plus remises en cause avec le développement des régimes dérogatoires de Droit[348]. L'on se rend compte que le pouvoir, au lieu de fonctionner sur le fondement du Droit, repose davantage sur la force que sur la persuasion[349]. Toutefois, on doit distinguer deux catégories de normes : d'une part celle qui répond à la logique de régulation (Section 1) et, d'autre part, celle qui sert à assurer la protection tous azimuts (Section 2).

Section 1. Les normes de régulation

Le Droit, en RCA, est à contenu variable. L'ordre juridique étatique coexiste avec d'autres ordres juridiques *infra* étatiques. L'Etat n'est pas le seul producteur de Droit, et la règlementation laisse la place à la « régulation »[350]. La prolifération des déclarations et des

---

347 - Article 6 du Code civil

348 - Couvre-feu et état d'urgence.

349 - Voir à cet effet E. Le Roy, « La face cachée du complexe normatif en Afrique noire francophone » *in* Ph. Robert, F. Subiran-Paillet, Van de Kerchove (dir.), *Normes, normes juridiques, normes pénales – Pour une sociologie des frontières*, Tome 1, Paris, Editions L'Harmattan, coll. « Logiques sociales », 1997, p.123-138.

350 - J. Chevallier, « De quelques usages du concept de régulation » *in La régulation*

accords donne un sens souple au Droit souple. Dans ce cadre, le Droit souple sert de vecteur à différentes mutations, mais, devant l'ampleur du phénomène, d'aucuns ont souligné la nécessité d'en définir les attributs. La régulation s'entend comme l'encadrement ou le bridage de la conduite des hommes[351], ce qui se traduit par le respect des destinataires de la norme des prescriptions qu'elle édicte. La force régulatrice du Droit se manifeste par le fait que la règle de Droit est un système habilité à tracer des lignes d'action qui ne sont pas tordues, et donc, par opposition, droites. La norme juridique, quelle que soit sa nature, acquiert donc pleine importance dans la mesure où elle s'insère dans une réalité objective déterminée. Elle puise sa force dans sa capacité à régir sa propre création (Paragraphe 1) et à pacifier les rapports entre les personnes et l'autorité ainsi qu'entre les individus (Paragraphe 2).

Paragraphe 1. La régulation formelle des normes

En RCA, la nomenclature classique de l'Etat de droit existe : Constitution, lois, décrets, arrêtés, etc. Ces textes introduisent les principes essentiels et les mécanismes de production des normes. Quelques rares lois sont soumises au contrôle du juge constitutionnel. Les règles de Droit s'ordonnent selon une hiérarchie[352], le principe étant qu'un texte de catégorie inférieure est toujours subordonné au texte de catégorie supérieure et ne peut donc y déroger.

---

entre droit et politique, Paris, Editions L'Harmattan, 1995, p.71 et du même auteur, « La régulation juridique en question » *in Droit et Société*, 2001, p.827.

351 - M. Lombard, « La régulation dans un Etat de droit » *in* M. A. Frison Roche, *Règles et pouvoirs dans les systèmes de régulation*, Paris, Editions Presses de Sciences Po et Dalloz, 2004, p. 26.

352 - H. Kelsen, *Théorie pure du droit*, Dalloz, Inst. Kelsen, 1962 ; trad.fr. EISENMANN Charles, Paris, Editions L.G.D.J., E.J.A., Coll. « La Pensée juridique », 1999.

Pour que ce type de structuration ne reste pas un agencement purement théorique (A), il existe un mécanisme destiné à respecter cette hiérarchie : c'est la technique de contrôle (B).

A. La structuration des normes

Dans un environnement marqué par la multiplicité des règles de Droit et par le besoin croissant de l'encadrement, le législateur doit assurer la stabilité des situations juridiques individuelles dans le temps ainsi que veiller à la « clarté » et à la « prévisibilité » des normes[353]. Mais, en RCA, se pose le problème de la coexistence du droit écrit inspiré du droit positif français avec les règles coutumières et traditionnelles[354]. La Constitution n'en fait pas référence et ne résout donc pas le problème. Le législateur centrafricain, en écartant implicitement la coutume du Droit positif, soumet l'ensemble des Centrafricains au même Droit. Ce qui fait que, jusqu'à leur éventuelle codification, les règles coutumières et traditionnelles s'appliquent dans les communautés où elles sont reconnues.

Alors, en laissant aux citoyens la possibilité de choisir entre le droit coutumier et le droit moderne dans certaines matières, le législateur a créé des situations de coexistence difficile entre les deux Droits. Ainsi, dans la pratique, nombreux sont ceux qui préfèrent recourir aux règles coutumières et traditionnelles que de porter leur affaire devant les cours et tribunaux dits modernes. Cette coexistence entre la coutume et le droit positif centrafricain est une donnée que partage à des degrés divers l'ensemble de la population.

---

353 - M.Fromont, « Le principe de sécurité juridique » *in AJDA*, n°spécial, 1996, p.178.

354 - E.-R. Mbaya, « Le passé et l'avenir des droits africains » *in RJPEM*, n°24 spécial, Rabat, 1990, p.13-27.

Si, d'une manière générale, la coexistence entre la coutume et le droit écrit permet de combler les lacunes du second dans certains domaines et d'offrir ainsi aux citoyens le choix entre deux formes du droit, il est à noter que dans la réalité les règles coutumières sont invoquées en fonction des intérêts en jeu. Il est donc possible d'adopter une approche sociologique en essayant d'analyser les raisons pour lesquelles tel ou tel groupe social ou ethnique préfère recourir aux règles coutumières plutôt qu'au droit moderne dans bon nombre de domaines et aussi de voir les implications sociales d'un tel choix. En ce sens, il faudrait par exemple harmoniser les lois nationales avec les conventions internationales tout en corrigeant les contradictions entre le Droit moderne et les règles coutumières afin de rendre la complémentarité beaucoup plus efficace entre la coutume et le droit écrit.

L'idée de la structuration du Droit fut avancée pour faire échec à la morale et/ou au jusnaturalisme voire à la coutume. Le Droit devrait être une « science véritable », élaborée indépendamment des présupposés subjectifs et des préjugés moraux[355].

En effet, il est admis que la Constitution est la source première du principe de la hiérarchie des normes[356]. Ce principe trouve son fondement juridique dans la Constitution. Pourtant, l'expression « hiérarchie des normes juridiques » ne se trouve pas dans les Constitutions centrafricaines, ce qui signifie que le texte constitutionnel ne fait pas explicitement référence au principe de la hiérarchie des normes juridiques. Néanmoins, le principe en question est implicitement consacré dans la Constitution dans les expressions « ...dans les conditions prévues par la Présente

355 - H.Kelsen, *Théorie pure du droit* : op.cit.p.273.

356 - L. Favoreu, « La constitutionnalisation du droit » *in L'unité du droit. Mélanges en hommage à Roland DRAGO*, Paris, Editions Economica, 1996, p.25.

Constitution » ou « ...au respect de la Constitution ». L'organisation proposée gravite autour d'un terme générique de « sources du droit » dont les principales sont les textes tels que les traités internationaux, la Constitution, les lois et les règlements et les principes généraux inspirés par la doctrine et consacrés par la jurisprudence»[357] .

De manière générale, la vie en société s'appuie sur des lois et des codes qui réunissent et ordonnent les règles prescriptives, générales et impersonnelles, sur des coutumes qui expriment et condensent des modèles de conduites et de comportement, et enfin sur des habitus qui sont, selon P. Bourdieu, des « systèmes de dispositions durables plus ou moins ritualisés »[358]. La formule fonctionne suivant un principe d'englobement ; la norme légale absorbant les habitus. Les trois fondements s'emboîtent suivant un ordre hiérarchique qui ne laisse à voir que la dimension légale du Droit. Ces règles peuvent être interprétées dans la forme de la codification par l'intermédiaire des précédents juridiques et de la science du Droit ou de la jurisprudence. En RCA aujourd'hui le Droit doit rétablir la confiance entre le peuple et les institutions[359]. Pour atteindre cet objectif, il faut arriver à démontrer au quotidien que les autorités publiques sont soumises au Droit par la mise en place de mécanismes de contrôle dont le plus efficace demeure le juge.

---

357 - L'expression « *source du droit* » est souvent employée par le droit français pour désigner « *l'ensemble des règles juridiques applicables dans un Etat à un moment donné* ». – cf. S. Guinchard et T. Debard (dir.), *Lexique des termes juridiques* : op.cit.voir « Sources du droit », p.757.

358 - P. Bourdieu, « Habitus, code et codification », *Actes de la recherche en sciences sociales*, n°64, septembre 1986, p.40-44.

359 - A. Jeammaud, « Les règles juridiques et l'action » *Dalloz*, 1993, Chron., « La règle de droit comme modèle » *in Dalloz*, 1990, Chron. 125.

B. Le contrôle des normes

Le respect de l'ordre juridique dans les relations sociales dans l'Etat est subordonné à l'organisation d'un contrôle de la hiérarchie des normes[360]. Aussi, dans le cadre de la séparation des pouvoirs, cette mission est confiée au pouvoir juridictionnel. C'est la Constitution qui précise les principes régissant ce pouvoir et les modes de contrôle exercés. Selon le mécanisme emprunté au droit constitutionnel français, le contrôle des normes juridiques peut prendre plusieurs formes[361] en ce sens que le principe de la hiérarchie des normes juridiques suppose une différenciation de ces normes. Ce qui aboutit à une suprématie de la Constitution, garantie par un contrôle de constitutionnalité, c'est-à-dire une vérification de conformité ou, tout au moins, de compatibilité des normes inférieures à la Constitution.

Or, cette hiérarchie n'a de sens que si son respect est aussi contrôlé par un juge. En d'autres termes, le principe est mis en œuvre par un contrôle de conformité. On en déduit l'institution d'un contrôle juridictionnel de conformité des lois ordinaires à la Constitution. Certes, l'institution d'organes juridictionnels pour veiller à la constitutionnalité et à la légalité n'est pas une découverte de la RCA[362]. Le modèle centrafricain reprend celui du Conseil constitutionnel français[363]. Il s'agit d'un contrôle *a priori*. Cette fonction est également menée par des juridictions ordinaires comme le Conseil d'Etat,

---

[360] - B. Genevois, « Normes de référence du contrôle de constitutionnalité et respect de la hiérarchie en leur sein » *in L'Etat de droit. Mélanges en l'honneur de Guy BRAIBANT*, Paris, Editions Dalloz, 1996, p.324.

[361] - L. Favoreu, « Légalité et constitutionnalité » *in CCC*, n°3, 1997, p.73.

[362] - F. Moderne, « Les juridictions constitutionnelles en Afrique » *in* CONCA Gérard, *Les cours suprêmes en Afrique*, Tome 2, *La jurisprudence : droit constitutionnel, droit social, droit international, droit financier*, Paris, Editions Economica, 1989, p.3-39.

[363] - On constate parallèlement et toujours plus d'éléments communs entre la Cour constitutionnelle de la République centrafricaine et le Conseil constitutionnel français sur le plan de l'organisation, de la procédure, des motifs des décisions et des avis.

conformément au procédé français du contrôle de conformité de l'acte administratif au bloc de constitutionnalité à condition qu'aucune loi ne s'insère entre l'acte administratif et la norme constitutionnelle.

Le procédé répond à deux types de contrôle : d'une part, le « contrôle par voie d'exception » confié aux juges ordinaires,[364] d'autre part, le « contrôle par voie d'action » exercé par des organes spécifiques. Dans le premier mode de contrôle, la question de l'inconstitutionnalité d'une norme juridique est soulevée lors d'un litige précis. La décision prise ne vaut alors que pour le litige donnant lieu au contentieux. Dans ce cas de figure, si le juge estime que la norme contrôlée est inconstitutionnelle, il ne l'appliquera pas[365]. Cependant, elle ne sera pas annulée et la jurisprudence ainsi créée pourrait ne pas être suivie par d'autres juridictions, à moins qu'elle n'émane de la juridiction suprême. Dans le second cas, la décision d'inconstitutionnalité de la norme empêche son entrée en vigueur[366] ou l'annule si le contrôle est *a posteriori*. Par ce type de contrôle, la Cour constitutionnelle peut censurer la loi soit totalement, soit partiellement, ou la déclarer constitutionnelle sous réserve. La censure n'est possible qu'à la condition que la loi n'ait pas encore été promulguée. Le système français a récemment envisagé un contrôle *a posteriori* par le biais du mécanisme de question prioritaire de constitutionnalité (QPC)[367].

Cette question relative à la constitutionnalité d'une loi peut être posée devant tout juge. Elle est immédiatement

---

364 - R. Badinter, « L'exception d'inconstitutionnalité, garantie nécessaire du citoyen » *in JCP*, 1992, p.229.

365 - O. Gohin, « Le Conseil d'Etat et le contrôle de la constitutionnalité des lois » *in RFDA*, 2000, p.1175.

366 - B. Genevois, « Les contraintes d'ordre constitutionnel pesant sur l'entrée en vigueur des lois » *in La République. Mélanges Pierre AVRIL*, paris, Editions Montchrestien, 2001, p.243.

367 - G. Gest, « La jurisprudence du Conseil d'Etat et de la Cour de cassation » *in La rétroactivité de la loi fiscale face au principe de la sécurité juridique*, Actes du colloque tenu au Sénat le 10 novembre 1995, DF, n° hors série, 1996, p.15.

transmise au Conseil d'Etat pour les juridictions relevant de l'ordre administratif, ou à la Cour de cassation pour les juridictions relevant de l'ordre judiciaire, l'instance étant alors suspendue. Les deux juridictions suprêmes font office de filtre et transmettent à la Cour constitutionnelle les questions jugées recevables. Il n'est pas question ici d'un contrôle par voie d'exception, mais par voie préjudicielle[368].

Le problème du contrôle des normes juridiques est donc celui de la justice constitutionnelle qui touche la protection de l'intégrité de la Constitution. C'est le contrôle de la conformité des normes inférieures à la norme supérieure qu'est la Constitution. Au-delà de cette généralité, c'est plus la conformité des lois ordinaires. Tout contrôle vise donc à assurer une effectivité à la hiérarchie des normes et procède de la logique juridique qui garantit la suprématie de la Constitution et favorise la régulation des rapports dans l'Etat.

Paragraphe 2. La régulation des rapports

Depuis sa fondation, la RCA connaît une centralisation étatique forte, les tutelles étatiques ne laissant que très peu de marges de manœuvre aux collectivités territoriales[369]. Ceci donne l'impression d'une certaine dépendance générale des collectivités périphériques envers le pouvoir central, renforcée par les lourdeurs administratives. L'action publique doit devoir faire un certain nombre d'opérations administratives notamment par la mise en œuvre des politiques publiques à partir des compétences et

[368] - L. Favoreu, « La question préjudicielle de constitutionnalité. Retour sur un débat récurrent » *in Droit et politique à la croisée des cultures. Mélanges Philippe ARDANT*, Paris, Editions LGDJ, 1999, p.265.

[369] - L'article 7 alinéa 4 de la Constitution centrafricaine emploie l'expression « Collectivités publiques » pour désigner l'ensemble des démembrements de l'Etat à savoir la Commune, les Préfectures, les Sous-préfectures, les Régions et les Postes de contrôle administratif (PCA).

des moyens qui leur sont dévolus. La mission du Droit consistera donc à redessiner les équilibres territoriaux de façon plus cohérente en coordonnant par exemple les rapports entre les entités territoriales (A), et en créant un champ d'action ou une intervention beaucoup plus poussée de l'Etat dans la vie des individus (B).

A. Les rapports entre les collectivités publiques

L'analyse de la régulation entre les collectivités publiques consiste à mener des réflexions sur la place de ces entités dans la défense de l'ordre public et à décrire le processus de décentralisation. C'est sur ces collectivités que l'Etat central détermine sa compétence qui est déterminée, en RCA, en référence à la notion d'« intégrité du territoire »[370], c'est-à-dire le devoir inaliénable de l'Etat à préserver son territoire[371].

En réalité, l'Etat centrafricain est confronté à la difficulté de tisser un lien entre le monde rural et la capitale. Depuis l'Indépendance, la question de la « centralité de l'Etat » se pose avec acuité. Des espaces ou des groupes de personnes échappent, en tout ou partie, au contrôle de l'Etat. Ils concernent souvent les fonctions collectives telles que l'école, la vaccination, l'entretien des infrastructures, la justice, gérées de façon autonome par les organismes constitués spécifiquement à cet effet. En dehors de la capitale, l'absence de l'Etat, qui ne contrôle ni son territoire, ni sa population, est criante[372]. Les institutions démocratiques se trouvent seulement dans les aires urbaines alors que le rural vit sous le contrôle des

---

[370] - cf. Voir les articles 33 alinéa 4, 38 alinéa 3 et 43 de la Constitution du 30 mars 2016.

[371] - J. Salmon (dir.), *Dictionnaire de droit international public* : op.cit. Voir « Intégrité », p. 592.

[372] - R. Goutalier, « Les débuts difficiles de la capitale de la République centrafricaine. Bangui de 1889 à 1883 » *in Cahiers d'études africaines*, volume 14, numéro 54, année 1974, p.299-316.

chefs coutumiers, qui mobilisent les membres de leur tribu en raison de leur pouvoir à assigner la propriété du sol, et les chefs rebelles qui résistent au gouvernement. En même temps, ces chefs coutumiers essaient de faire passer les conflits du monde rural pour des conflits tribaux, pour que le mouvement apparaisse comme un conflit ethnique. On constate une déconnection entre le pouvoir central et les collectivités publiques.

Ainsi, la protection des citoyens en dehors de la capitale a longtemps relevé de la seule population, comptant sur elle-même et sur l'appui des organisations humanitaires et des confréries religieuses. En l'occurrence, la RCA est encore éloignée de cet idéal en raison notamment d'une inefficacité chronique des gouvernements. Au-delà des discours de responsabilisation et des procédures formelles, il est nécessaire de multiplier les politiques contractuelles entre l'Etat central et les collectivités publiques. Les premières expériences commencent par exemple par les politiques de la ville dans lesquelles les maires p sont dotés d'une grande marge d'initiative par rapport au pouvoir central pour arriver au processus de décentralisation.

En effet, la politique de la décentralisation en RCA en est encore à ses prémisses. Mais, pour aboutir à de résultats probants, de nombreuses questions restent à résoudre, surtout en matière de sécurité et de maintien de l'ordre public. Le développement de cette politique induit des actions sur le plan économique et de l'aménagement du territoire national. S'ajoute nécessairement la fourniture de services de base aux populations[373]. Cette composante instrumentale de la décentralisation, entendue comme technique particulière d'organisation de l'action publique, met en lumière plusieurs aspects critiques quant

[373] - Eau, assainissement, traitement des déchets, transports publics, énergie, éducation et santé primaires, infrastructures…

aux capacités effectives des collectivités publiques à assumer cette fonction de service public[374]. L'action publique allie donc une définition centrale des normes réglementaires et techniques propres à chaque secteur d'activité à une mise en œuvre des politiques publiques fortement territorialisées, dans une doctrine d'action combinant les valeurs de puissance publique et de service public[375]. Le pouvoir de l'Etat de réglementer les relations entre les entités est donc mis en évidence.

B. Les rapports entre les individus

En RCA, l'égalité est consacrée par la Constitution selon laquelle « Tous les êtres humains sont égaux devant la loi sans distinction de race, d'origine ethnique, de région, de sexe, de religion, d'appartenance politique et de position sociale. L'Etat assure la protection renforcée des droits des minorités, des peuples autochtones, et des personnes handicapées. La loi garantit à l'homme et à la femme des droits égaux dans tous les domaines. Il n'y a, en RCA, ni sujet, ni privilège de lieu de naissance, de personne ou de famille »[376]. Cette disposition vise sans nul doute à promouvoir le principe de l'égalité dont le but consiste à réduire les éléments d'hétérogénéité dans la société ainsi qu'à lutter contre les phénomènes d'exclusion par lesquels des franges de la population se trouvent socialement marginalisées.

Dans ces conditions, pour rétablir un équilibre des chances, la RCA devrait donc consolider la politique de lutte contre les discriminations. Celle-ci emprunte plusieurs chemins. D'abord, du point de vue du droit, la

[374] - B. Palier, « La référence au territoire dans les nouvelles politiques sociales » *in Politique et management public*, 16 (3), 1998, p.13-41.
[375] - J.-M. Offner, « Les territoires de l'action publique locale » *in Revue française de science politique*, 1/2006, vol.56, p. 27-47.
[376] - Article 6 de la Constitution du 30 mars 2016.

discrimination ne consiste pas à léser un groupe ou une région, mais un individu en se fondant sur un critère illégitime[377]. Il s'agit alors de protéger les individus en sanctionnant la discrimination. Pour mesurer les inégalités sans opposer les citoyens les uns aux autres, il faudrait exclure le recours aux critères ethniques ou régionalistes et privilégier le critère social. Ensuite, il faudrait envisager des politiques de rééquilibrage qui, encore appelées « discrimination positive »[378], visent à rééquilibrer les chances entre les groupes et les régions. Enfin, de manière plus générale, la RCA devrait aussi prendre des mesures économiques, sociales et culturelles en donnant, par des initiatives originales, la possibilité aux pauvres de rejoindre les élites sociales, intellectuelles et politiques. Comme l'affirme le philosophe et économiste autrichien F. Hayek, « il faudrait en arriver à ce que le pouvoir politique dispose littéralement de tous les éléments susceptibles d'affecter le bien-être de tout un chacun »[379]. Ce qui suppose que des moyens importants soient socialement mobilisés pour que chaque individu ait la même chance.

La RCA a été une société où les différentes ethnies ont vécu en harmonie. Elle doit donc pouvoir mesurer ses progrès en matière de promotion sociale des personnes issues de la diversité ethnique. Ce que vise la République, en effet, c'est que chacun puisse accéder à une intégration pleine et entière dans la société avec le sentiment d'appartenir à la Nation centrafricaine ; ce creuset dépasse les particularismes pour ouvrir sur l'universel. C'est pourquoi, recourir à des critères ethniques ou régionalistes risquerait d'enfermer chacun dans son

---

377 - P. Weil, *Liberté, égalité, discrimination*, Paris, Editions Gallimard, coll. « Folio histoire », 2009, p. 93.

378 - G. Calves, *La discrimination positive*, Paris, 2ème édition PUF, coll. « Que sais-je ?», 2008, p.25-26.

379 - F. Hayek, *Droit, législation et liberté*, Paris, Editions PUF, 2007, p.487-489.

identité et son histoire, de réveiller de vieux démons ou de remettre en cause le principe de l'égalité. Emprunter le chemin de l'égalité doit contribuer à affermir le respect de l'ordre public dont l'élément principal est la protection.

Section 2. Les normes de protection

La protection, l'aide, l'assistance sont des expressions de solidarité voire de fraternité inhérentes aux relations humaines présentes en droit[380]. Ses manifestations sont variées, allant de la simple conservation d'une situation, d'une sauvegarde, à la volonté d'amélioration d'un état existant[381]. Tantôt la protection apparaît indissociable d'un danger ou d'un risque, qu'il soit identifié ou non, réel ou potentiel, tantôt l'anticipation semble faire partie intégrante de la protection. En RCA, il s'agit donc de déclencher un mécanisme juridique préalablement créé, soit de manière préventive pour éviter l'apparition d'un risque ou en limiter les conséquences, soit *a posteriori* à titre de punition.

Enquêter, arrêter, juger et punir sont les éléments constitutifs de la protection dont la mission vise soit à prévenir (Paragraphe 1), soit à réprimer (Paragraphe 2).

Paragraphe 1. Les normes de prévention

« Mieux vaut prévenir que de guérir ». Ce principe de base, emprunté à la médecine traditionnelle chinoise, traduit aussi l'idée d'une protection selon laquelle, il vaut mieux prendre des mesures pour éviter des ennuis que d'être obligé d'y remédier par la suite. La mise en œuvre d'une politique de prévention soulève un problème de

---

[380] - D. Lochak, *Mutation de l'Etat et protection des droits de l'homme*, Paris, Editions Presses universitaires de Paris 10, 2006, p. 18.

[381] - S. Theron, « Réflexion sur les rapports entre protection et règle de droit » *in Petites affiches*, n°30, 11 février 2009, p. 447-456.

choix stratégique. Au-delà de ses préoccupations sanitaires et humanistes, elle entre normalement dans le champ d'action du pouvoir et notamment au regard du Droit qui apparaîtra de plus en plus normalisateur. Elle va, selon les Nations Unies, de l'ensemble de toutes les actions à mettre en place *ex-ante* en vue d'empêcher l'occurrence, la propagation ou la récurrence d'une guerre[382]. En RCA pour prévenir la recrudescence d'un conflit, les dispositifs de prévention doivent être une œuvre de la police administrative (A) qui fondera sa mission sur la collecte des renseignements (B).

A. La prévention, une mission de police

Les autorités de police administrative générale sont habilitées à prendre toute mesure visant à prévenir en amont tous risques de trouble à l'ordre public. Selon R. Chapus, « le terme de police [...] désigne une fonction, ou une activité : l'activité de service public qui tend à assurer le maintien de l'ordre public dans les différents secteurs de la vie sociale et cela, autant que possible, en prévenant les troubles qui pourraient l'atteindre, sinon, en y mettant fin »[383]. Une des dimensions du phénomène de prévention concerne le contexte d'application des nombreux textes régissant l'ordre public. Dans la plupart des Etats, une approche des problèmes fondée sur l'ordre public signifie un engagement ferme du gouvernement à faire respecter la loi. Aussi, de vastes pouvoirs sont accordés aux organismes nationaux chargés de l'application de la loi. Le concept « d'ordre public » signifie, en général, le respect de règles permettant la vie collective notamment la

---

[382] - A. J. Doui-Wawaye, *La sécurité et l'Etat de droit en République centrafricaine. La sécurité, la fondation de l'Etat centrafricain : contribution à la recherche de l'Etat de droit*, Thèse publiée, Presses académiques francophones, 2012, p.407.

[383] - R. Chapus, *Droit administratif général*, Paris, 15ème édition Montchrestien, coll. « Domat droit public », 2001, p. 697.

sécurité, la salubrité et la tranquillité[384]. La stratégie nationale de prévention commence par la réhabilitation des institutions pour évoluer vers la coordination entre les différentes structures concernées avant d'arriver à l'application effective des dispositions réglementaires. Toute intervention en matière de prévention requiert d'importants moyens financiers. Une mise en œuvre réussie de la police préventive dépend du degré d'engagement des acteurs et de leurs capacités à recourir à des mesures appropriées aux diverses situations. La prévention est possible en RCA à condition que les efforts et les ressources soient être dirigés vers les politiques d'évitement de la violence.

Agir dans ce sens permet de fixer les fondements d'une paix durable et d'empêcher qu'une simple mésentente ne dégénère en conflit violent. Dès lors, une politique de prévention requiert une stratégie équilibrée pour éviter qu'elle ne se transforme en dissuasion. D'abord, la protection de la liberté de l'individu va de pair avec le renforcement de la prévention. Celle-ci tend à limiter la liberté des citoyens en interdisant *a priori* des comportements jugés à tort ou à raison par la police administrative comme « à risque »[385]. Une forte présence d'agents de sécurité doit donc contribuer à améliorer la qualité de ce service de prévention. Le but est d'accroître la présence et la visibilité de la police pour mieux répondre aux attentes des citoyens. L'accueil figure parmi les missions de base de la police qui a notamment vocation à participer à l'accueil des administrés dans ses services. Compte tenu de cette mission qui permet à certains citoyens d'exposer leurs difficultés personnelles ou de chercher une aide, voire de faire état de leur

[384] - cf. Article L 2212-2 du Code général des collectivités territoriales (français).

[385] - J. Padioleau, « L'action politique post moderne : le gouvernement politique des risques » *in Politiques et management public*, n°4, 1999, p.85.

détresse, il est souhaitable que les forces de sécurité puissent assumer leur tâche avec abnégation. C'est cet objectifs qu'il faudrait atteindre en RCA, avec une police qui devrait être « la police des citoyens et pour les citoyens »[386].

Ensuite, la prévention nécessite la restructuration de ses outils, moyens et personnels. A ce sujet, la douane, la police, les services d'incendie ou de secours et les entreprises de sécurité privée sont les forces qui détiennent le pouvoir de l'usage de la violence sur le territoire, usage qui s'opère *erga omnes.* Le système de prévention est donc caractérisé par la présence de plusieurs forces de police, ce qui induit la nécessité de définir des procédures de coordination pour soutenir cette organisation.

Enfin, la politique de prévention participe, en amont, à réduire les comportements incriminés par la loi pénale. Il ne s'agit pas uniquement d'élaborer de nouvelles méthodes de gestion de la sécurité, mais aussi d'organiser la mise en relation des différents intervenants, c'est-à-dire de créer un réseau des acteurs présents sur le terrain[387]. La prévention est donc une politique transversale[388] qui fait appel à de nombreux secteurs et consiste en l'application de programmes généraux à destination du public. Ainsi, la prévention est un régime de coordination des forces à compétence générale, avec des forces à compétence spéciale, et repose sur les renseignements.

---

[386] - J.-J. Gleizal, *La police nationale*, Grenoble, Editions des Presses Universitaires de Grenoble, 1974, p. 25.

[387] - Ces acteurs peuvent être institutionnels comme la police, la justice, l'Education nationale ou il peut s'agir des acteurs sociaux comme les associations ou les travailleurs sociaux.

[388] - R. Philippe, *Les politiques de prévention de la délinquance : à l'aune de la recherche*, Paris, Editions L'Harmattan, 1991, p.32.

B. La prévention, une mission des renseignements

La RCA mérite de se doter d'un service de renseignements efficace ou améliorer l'existant afin qu'il puisse alerter sur des crises imminentes et élaborer des plans de réactions. Par renseignement, il faut entendre, selon O. Forcade, « l'élaboration d'une information lors d'un processus de collecte d'informations brutes, de sources techniques ou humaines, qui sont traitées, c'est-à-dire déchiffrées, traduites, puis mises en frome littéraire »[389]. En France, une avancée a été constatée avec l'adoption, entre autres, de la loi de 1991 sur les interceptions et la loi de 1998 sur la commission consultative du secret de défense[390]. Ceci a débouché sur une réflexion globale, en 2008, qui a abouti à la publication du « Livre blanc sur la défense et la sécurité nationale »[391].

Les termes clairs de ce Livre énoncent que : « Un nouveau dispositif juridique définira donc les missions des services de renseignement, les garanties apportées aux personnels et aux sources humaines, ainsi que les modalités principales de la protection du secret de la défense nationale. Des adaptations de nature législative seront apportées en respectant l'équilibre entre protection des libertés publiques, efficacité des poursuites judiciaires et préservation du secret. À ce titre, une définition législative des missions des services de renseignement sera élaborée. Elle devra couvrir l'ensemble des missions des services de renseignement et être suffisamment précise pour les agents des services de renseignement concernés ».

---

[389] - O. Forcade, « Le renseignement dans la guerre » *in Folio Histoire*, Paris, Editions Gallimard, Série Folio Histoire, vol. 244, *La guerre monde*, 1, n°244, 2015, p.881.

[390] - cf. O. Forcade, « Considération sur le renseignement, la défense nationale et l'État secret en France aux XIXe et XXe siècles » *inRevue historique des armées*, 247 | 2007, p. 4-12.

[391] - *Livre blanc sur la défense et la sécurité nationale*, Paris, Editions, La Documentation française/Ed. O. Jacob, 2008.

Il est nécessaire que la RCA encadre juridiquement ses activités de renseignement public. Il ne s'agirait pas d'une irruption du Droit ou du politique dans les affaires privées des individus, mais d'une dérogation accordée à la puissance publique pour assumer certaines fonctions particulières de la sécurité »[392]. L'Etat peut toujours disposer des moyens spéciaux d'information et d'action, mais cette capacité doit être politique et surtout juridiquement assumée pour avoir une chance de perdurer efficacement[393]. Dans ce contexte, il devient donc possible et même nécessaire de mener à bien la légalisation des activités de renseignement dans l'Etat. Par ce terme, la Loi revêt une double fonction : une fonction juridique qui consiste à soumettre au droit une activité mais aussi une fonction politique qui affirme la légitimité de cette activité et l'intérêt public qui s'attache à ce qu'elle puisse disposer de capacités juridiques et opérationnelles particulières.

Dans un pays du règne de Droit, les deux aspects sont indissociables. La première nécessité est de poser une définition générale des missions de renseignement qui puisse servir tout à la fois à orienter la politique publique en la matière et à servir de référence juridiquement opposable pour le contrôle de ces activités. Il conviendra, alors, que sur la base de cette définition, la loi s'applique aux activités de renseignement plutôt qu'aux seuls services spécialisés de renseignement. La loi devra identifier assez précisément les différentes techniques de renseignement qui, en raison de leur caractère plus ou moins intrusif, devront faire l'objet d'un encadrement et

---

392 - B. Warusfel, « Le renseignement, dimension majeure de l'action publique dans une société d'information » *in Le renseignement* français contemporain – Aspects juridiques et politiques, Paris, Editions L'Harmattan, 2003, p.34.

393 - S. Laurent, « Pour une autre histoire de l'État. Le secret, l'information politique et le renseignement » *in Vingtième Siècle. Revue d'histoire*, juillet-septembre 2004, n° 83, p. 173-184.

d'un contrôle particulier. Leur mise en œuvre s'accompagnera d'une procédure de contrôle *a priori* ou *a posteriori*[394]. L'ensemble de cet encadrement juridique devrait être articulé efficacement avec le contrôle politique, notamment celui du Parlement sur le Gouvernement.

Par ces différents aspects, cette légalisation du renseignement vise à mettre dans la loi ce qui était jusqu'alors à côté de la loi, ainsi qu'à prévenir les dérives qui peuvent rendre hors la loi. Les Etats démocratiques[395] les plus puissants en matière de défense et de renseignement se sont engagés depuis déjà assez longtemps dans la même direction et n'ont pas vu leurs capacités opérationnelles entravées par ces exigences démocratiques. Au contraire, ils disposent aujourd'hui d'un cadre juridique qui leur permet de justifier le principe de leurs actions clandestines et d'en préserver l'efficacité. L'absence d'un cadre juridique et politique clair et conforme aux standards internationaux constituera un handicap pour la RCA qui s'expose à des crises à répétition. Ainsi la construction d'un véritable dispositif de renseignement marquera, en RCA, la volonté de renforcer les normes de répression.

Paragraphe 2. Les normes de répression

En RCA, à l'instar de ce qui existent dans les autres Etats du monde, de nombreuses institutions concourent à rendre effectif la sanction du droit, des voies et moyens pour faire prévaloir les normes juridiques. Le recours à la contrainte dans les rapports humains avec ou sans emploi

---

394 - B. Warusfel « Vers un véritable juge du secret ? » *in Armées d'aujourd'hui*, n° 292, juillet 2004, p. 55

395 - Etats-Unis, Grande-Bretagne, Allemagne et France – G.-H Soutou, J. Fremeaux, O. Forcade, (dir.), *L'exploitation du renseignement en Europe et aux États-Unis des années 1930 aux années 1960*, Paris, Editions Economica, 2001.

de la force matérielle, se rattache au problème de la sanction du droit. Il se range donc parmi les procédés destinés à en assurer l'efficacité. Aucun droit ne peut compter uniquement sur sa force morale pour assurer sa bonne application. A ses destinataires récalcitrants, il ne s'impose effectivement que par la contrainte considérée comme légitime. La sanction est donc la réaction normale de l'ordre juridique à une violation du droit. Normalement, l'Etat, en tant qu'organisation dotée d'un pouvoir de contrainte, a le pouvoir de fixer les règles de sanction et de les imposer à ses citoyens. Ce pouvoir de contrainte passe par la réorganisation des forces de maintien de l'ordre (A) pour arriver au renforcement de la chaîne pénale (B).

A. La réorganisation des forces de maintien de l'ordre

Un texte ancien en France affirme que « la force est instituée pour maintenir l'ordre public, la liberté, la propriété et la sûreté individuelle »[396]. Tandis qu'en RCA la force publique est instituée pour être « au service de la Nation »[397]. Cette force publique est composée des autorités administratives qui mettent en œuvre les forces de défense et de sécurité. La Constitution, à l'article 27, précise chaque mission en ces termes : « Les Forces de Défense ont pour mission de garantir l'intégrité du Territoire ainsi que la sécurité des populations contre toute agression ou menace extérieure ou intérieure, dans le respect des dispositions constitutionnelles et des lois. Les Forces nationales de sécurité ont pour mission de défendre l'autorité de la loi et de garantir la sécurité des personnes et des biens ».

---

396 - Il s'agit de la définition de la police donnée par le Code du 3 brumaire an IV.

397 - Article 27 alinéa 1 de la Constitution du 30 mars 2016.

La coordination des activités est assurée par les divers organes du Gouvernement tant au niveau local que national. Au niveau local, il s'agit d'une déconcentration dans le cadre de circonscriptions administratives qui ont à leur tête des représentants de l'Etat implantés sur le territoire, à savoir les Préfets, les Sous-préfets, les directeurs des directions de l'agriculture, des impôts etc. En effet, dans la gamme de leurs compétences administratives, les Préfets et les Sous-préfets ont d'abord la charge de la sécurité urbaine, de l'ordre public et de la circulation. Ils ont ensuite autorité sur des services spécialisés tels que la Direction des renseignements généraux et la Direction de la police judiciaire. Ils disposent enfin de la Direction opérationnelle des services techniques et logistiques qui bénéficie de moyens importants ainsi que de l'Inspection générale des services. C'est sur cette base que les circonscriptions administratives ont été créées[398].

En effet, les Préfets et les Sous-préfets ont un pouvoir important de police administrative : ils sont responsables du maintien de l'ordre dans la région en prenant des mesures soit au niveau local, soit au niveau global[399]. La police exercée par les préfets et les sous-préfets n'est donc pas une police nationale. Ils exercent trois (3) types de compétence, à savoir le respect de l'ordre public, la sécurité des citoyens et la circulation sur les routes nationales[400]. A cet effet, les préfets et les sous-préfets sont seuls compétents pour prendre, au nom de l'Etat, toutes les mesures de police dont le champ d'application

398 - cf. Article 5 alinéa 1 de l'ordonnance n°88/006 du 05 février 1988 relative à l'organisation des collectivités territoriales et des circonscriptions administratives *in Journal officiel de la République centrafricaine* (J.O.R.C.A.), Nouvelle édition spéciale, cinquante deuxième année, 20 août 2011.

399 - En cas de carence des autorités municipales, les Préfets et les Sous-préfets peuvent se substituer au maire.

400 - cf. Loi n°96/013 du 13 janvier 1996 portant création des régions et fixant les limites territoriales.

excède le territoire d'une commune. Ils sont, par ailleurs, chargés de coordonner les différents services de sécurité afin d'assurer le maintien et la défense de l'ordre.

Par contre, le pouvoir de défense de l'ordre public s'exerce au niveau national, à la capitale, sauf en ce qui concerne l'action administrative quotidienne, à cause de sa spécificité technique. L'action des pouvoirs publics s'exerce donc sur le territoire national dont ils détiennent la souveraineté. Pour rappel, la RCA présente le modèle d'un Etat unitaire : toutes les décisions émanent des administrations centrales qui siègent à la capitale Bangui. Les agents centraux assurent l'application des normes établies au niveau national. En principes quelques représentants du pouvoir public devraient être désignés par les citoyens à la faveur d'élections, mais la plupart des agents sont nommés à tous les niveaux à l'instar des maires et des gouverneurs des régions[401]. La véritable difficulté vient de l'incapacité de concrétiser la politique de décentralisation. Les textes, à commencer par la Constitution, sont clairs car ils précisent que « Les collectivités territoriales s'administrent librement par des organes élus »[402].

Cette disposition peut laisser entrevoir la décentralisation des forces de maintien de l'ordre. C'est au travers de cette politique que les élus locaux ont une place dans les dispositifs de protection des citoyens. Pour des raisons encore inconnues en RCA, les forces de défense et de sécurité représentent les problèmes de maintien de l'ordre en RCA. L'existence d'une force de défense et de sécurité, caractérisée par la hiérarchie et la discipline, a fait croire qu'elle est active en RCA dans sa mission de

---

[401] - « *Il est créé en République centrafricaine sept (7) régions qui sont des Collectivités territoriales qui s'administrent librement dans les limites des Préfectures qu'elles regroupent* ». – cf. Article 1er de la loi n°96.013 portant création des régions et fixant leurs limites territoriales du 13 janvier 1996.

[402] - Article 129 de la Constitution du 30 mars 2016.

faire respecter la Loi et d'assurer la sécurité des individus. Or, en réalité, le comportemental a fait perdre la confiance que le citoyen avait vis-à-vis de ses forces de défense et de sécurité. Depuis de nombreuses années, les forces de défense et de sécurité sont source de violence.

Non seulement le mécanisme de la conquête du pouvoir s'est toujours confronté à la force militaire, mais les forces au pouvoir constituent aussi une force qui opprime. Ce qui fait entrevoir que la force militaire au pouvoir est la règle et l'élection démocratique une exception. Les forces de défense et de sécurité en RCA sont défavorablement connues pour leurs mutineries, coups d'Etat manqués, putschs réussis, etc. Les forces de défense et de sécurité, en se soulevant, sont perçues comme des assoiffées du pouvoir.

Sur le plan de la déontologie[403], le pourrissement de la situation en RCA s'est soldé par un effritement flagrant de la morale professionnelle des forces de défense et de sécurité. En effet, la corruption, l'indiscipline, les trafics d'influence et l'impunité des personnels ont terni l'image de l'institution aux yeux des populations. Le lien entre la police et la Nation est désormais brisé, et l'appât du gain a remplacé le respect de la loi et l'éthique professionnel. L'idée même d'intérêt général, fondement de la mission de police, a été sapée. La discipline[404], malheureusement, a été bafouée. La réorganisation du système de maintien de l'ordre et d'application de la loi passera au préalable par une restauration de la morale professionnelle dans la

---

[403] - La déontologie est l'ensemble des devoirs qui s'imposent à l'exercice d'une profession et d'esprit dans lequel les missions sont exécutées. C'est le savoir-faire - cf. Dictionnaire de la langue française, Le petit Robert, La Référence de la langue française, Paris, Edition Dictionnaires Le Robert, 1996 ; voir « déontologie », p.592.

[404] - Aux termes de l'article 4 du décret n°65/020 du 15 janvier 1965 portant règlement du service dans la police, « la discipline est la base de la force de la police en tenue. Tout supérieur doit obtenir de ses subordonnés une obéissance immédiate. Les ordres doivent être exécutés sans hésitation, ni murmure. L'autorité qui les donne en est responsable. Les réclamations, qui ne peuvent être qu'individuelles, ne sont admises que si l'ordre a été exécuté ».

mentalité des forces de défense et de sécurité. Si cet objectif n'est pas atteint, la chaîne de répression pénale paiera un lourd tribut.

B. Le renforcement de la chaîne pénale

L'amélioration des conditions de détention, la lutte contre l'impunité, la mise en place d'une justice transitionnelle et le renforcement des capacités des acteurs de justice constituent un défi à relever par l'Etat centrafricain[405]. En effet, la situation dans laquelle se retrouve la RCA depuis les mutineries 1996 jusqu'à la rébellion de 2012 nécessite de faire appel à la justice, plus particulièrement à la justice pénale parce que ses acteurs ont pour mission d'enquêter et de juger des dossiers des violations des droits de l'homme ou des crimes commis lors des conflits armés. Certes, les dossiers à juger sont complexes. Même dans un Etat où la justice en général fonctionne comme elle se doit, la crise actuelle demande des efforts très spécifiques avec des capacités à mener à bien la poursuite des criminels de guerre.

Or, même avant la guerre le département de la justice dysfonctionnait déjà. Et, la chaîne pénale est le premier secteur à souffrir de ce dysfonctionnement. Il s'en suit que le renforcement de la chaîne pénale en RCA est très difficiles à mener.

Le cadre juridique de la chaîne pénale existe pourtant en RCA, mais il est insuffisamment mis en œuvre ; c'est pourquoi le « Droit de la force » a tendance à s'ériger en loi du plus fort. La procédure pénale en RCA s'est alors orientée vers un mode mixte de poursuite à la fois inquisitoire[406] et accusatoire[407]. Laissant une plus grande

---

405 - C. Mottet, C. Pout, « La justice transitionnelle : une voie vers la réconciliation et la construction d'une paix durable » *in La justice transitionnelle*, Actes de la 2ème conférence régionale, tenue du 17 au 19 novembre 2009 à Yaoundé, Cameroun.

406 - La procédure inquisitoire confère un pouvoir particulièrement important au juge

place aux juges professionnels et aux droits de la défense, cette procédure mixte donne au juge d'instruction les pouvoirs suffisants pour mener une enquête à charge et à décharge en toute impartialité. Selon cette mixité de procédure, toujours en vigueur, le délinquant est présumé innocent et a droit à se défendre. Cette procédure est accessible pour tous les délits et crimes. Cependant, certaines limites ont été fixées en matière de délit de presse où le code pénal n'est pas applicable. Cette procédure est en outre conforme dans sa mise en œuvre aux autres moyens de protection de l'ordre social, tels que la citation directe et la saisie du juge d'instruction par un réquisitoire introductif.

La défaillance du secteur de la justice est le plus souvent illustrée par un manque de force. A tous les niveaux, la surveillance des sanctions n'est pas correctement effectuée et il n'y a pas suffisamment de motivation pour que la justice soit efficace car les moyens matériels, humains et financiers sont inconsistants. En général, la capacité technique des acteurs primaires dans la chaîne pénale, à savoir les officiers de police judiciaire, les procureurs, les juges d'instruction et les auxiliaires de justice, est très faible. Ceci s'observe à la fois dans leur connaissance restreinte de la loi et des procédures et des moyens restreints qui leur sont alloués pour faire un travail efficace. A ceci s'ajoute le manque de motivation pour assurer un travail de bonne qualité technique, ce qui, dans l'ensemble, rend la justice très lente. Des moyens existent pour corriger cette piètre qualité de travail, mais ils ne sont pas utilisés, avec pour conséquence un système

---

qui est le seul à influer sur le déroulement de procès pénal. – cf. R. Guillien et J. Vincent, *Lexique de termes juridiques* : op.cit. voir « Procédure inquisitoire », p. 641.

407 - Le système accusatoire revêt un caractère privé important dans la mesure où les parties ont l'initiative du procès et ont poids important dans le déroulement de celui-ci. – cf. R. Guillien et J. Vincent, *Lexique de termes juridiques* : op.cit.voir « Procédure accusatoire », p. 639.

judiciaire vulnérable à la corruption. La chaîne pénale fait donc face, à tous les niveaux, à de nombreux problèmes concernant la capacité technique et ses dynamiques dans l'institution de la justice.

La guerre civile qui a fait couler le sang en RCA a entraîné une situation nécessitant une action immédiate de la justice pénale et le lancement de poursuites adaptées aux crimes extrêmes. Le défi est grand, mais nécessaire pour servir la justice et l'Etat de droit, ainsi que pour contribuer à une réconciliation nationale comprenant la réparation des dommages causés aux victimes. L'instauration de réformes prend généralement du temps, parfois plusieurs générations, et nécessite un engagement sur le long terme. Les réformes sont cependant indispensables si l'on veut parvenir à une justice que mérite la RCA[408].

La justice, qu'elle soit pénale, civile ou administrative, reste l'un des domaines d'activités les plus difficiles à faire évoluer en RCA car elle englobe tout ce qui concerne la vie du peuple, notamment les activités sociales, économiques, politiques et culturelles. La justice incarnée dans les normes et les institutions constitue la pierre angulaire d'une société fondée sur la règle de Droit. Chaque fois que l'on bafoue la justice en RCA, la politique connaît une crise insoluble, les droits de l'homme sont impunément violés, l'ordre social est perturbé, et l'individu vit dans la peur.

La reconquête de la justice passe au préalable par la refondation du Droit. Cependant, il semble difficile d'adopter, en RCA, un Droit unique qui puisse primer sur les us et coutumes et permettre le retour à une force capable de freiner la propension à la lutte armée pour le pouvoir.

---

[408] - Y. Gatien Golo, *La réforme du secteur de la sécurité en République centrafricaine*, Paris, Editions L'Harmattan, coll. « Etudes africaines », Série Politique, 2016.

Conclusion

Le Droit, au sens positif du terme tel qu'il a été emprunté au positivisme français, semble de moins en moins capable de satisfaire les relations sociales en RCA. Cette insatisfaction s'explique en grande partie par la recrudescence et la persistance de l'insécurité assortie aux crises militaro-politiques à répétition qui ont entraîné le délitement de l'Etat. La conséquence est, aujourd'hui, une incapacité de l'Etat à un Droit positif susceptible de régir toutes les situations juridiques.

On peut dire très schématiquement que la situation juridique en RCA est essentiellement dualiste. Deux systèmes juridiques coexistent et fonctionnent en concurrence. Le premier est le Droit positif, inspiré du Droit moderne hérité de la France, pays colonisateur la RCA. Ce Droit moderne est mis en œuvre par des institutions publiques, notamment la justice légale. Le second système est la survivance du Droit traditionnel plus connu sous le nom de « coutume », de source locale, et comprenant des comportements et des traditions. Cette coutume gouverne le statut et les relations communautaires. Si les relations privées sont régies par ces deux systèmes de Droit, l'Administration, en revanche, est régie par le Droit positif moderne, à quelques exceptions près si l'on évoque la place des chefs de village et de quartier, et des groupements familiaux. Le système juridique centrafricain a donc puisé ses techniques dans la pratique française.

La construction rigoureuse du Droit centrafricain, dans ses aspects scientifiques, constitutionnels, civils, pénaux, administratifs, fiscaux, fonciers, environnementaux, sociaux et internationaux, impose un travail opiniâtre de recherche, de production, de fonctionnalité et de valorisation. Il est certes vrai que la réalité, qu'elle soit sociale, juridique ou politique peut se présenter sous des formes diverses et variables qui ne peuvent être prévues au cas par cas par les textes écrits. Il est vrai aussi que la pratique constitutionnelle est d'autant plus difficile à appréhender au regard du droit seul, qu'elle recèle une dimension politique.

Sur le plan de la production du Droit, des avancées ont été observées à travers la suppression du pluralisme juridique en vue de procéder à un monisme emprunté à la législation française. On a légiféré dans quelques domaines des relations sociales, notamment en ce qui concerne le Droit de la famille. Alors que la législation locale a reproduit le contenu de certaines dispositions des règles de Droit français pour les orienter vers le local, le monisme juridique a été confronté au dysfonctionnement des régimes politiques, avec leur lot d'insuffisance des institutions, de rivalités personnelles et de soulèvements militaires. On assiste alors au défi lancé par la justice privée à la justice institutionnalisée. La vindicte populaire est devenue pratique courante pour la population en désarroi et l'on ne peut plus ignorer les formes traditionnelles d'autorité qui persistent et remplacent les autorités officielles de l'Etat quand elles n'interviennent pas.

La RCA a donc besoin d'un ordre normatif capable de gérer les antagonismes politiques et sociaux. Pour amorcer un nouveau départ il suffirait de rassembler l'existant dans toute sa diversité, de le rénover, l'adopter et l'adapter en intégrant dans la rénovation juridique de nouvelles perspectives pour permettre à l'Etat de devenir une institution juridique puissante. A cet effet, les trois piliers de l'Etat de droit moderne méritent d'être rappelés : la séparation des pouvoirs, la prééminence du Droit et la protection des libertés fondamentales, qui exigent qu'un cadre juridique cohérent et équilibré soit mis en place, en cohérence avec la Constitution et le factuel. Bien entendu, c'est aux Centrafricains qu'il appartient de déterminer quel ordre normatif leur convient le mieux. En cela, l'apport de la doctrine, en tant que groupe de pression juridique apparaît comme une évidente nécessité. C'est à la doctrine de faire pression sur le législateur en démontrant le sentiment unanime de tous ceux qui, par delà leur appartenance politique, économique, sociale et culturelle, portent un intérêt aux problèmes juridiques de la RCA. Il faut souligner que le vrai problème n'est pas la codification textuelle, mais, au-delà, la nécessaire adéquation entre la règle de Droit et ses destinataires, mesurée à l'aune de l'effectivité et de l'efficacité. Il s'agit ici de la question bien connue de la validité des normes. La codification est souvent associée à des projets d'harmonisation des Droits, que ce soit dans le contexte d'initiative officielle émanant du Gouvernement ou d'initiative privée. Toutefois, compiler, recueillir et harmoniser ne veut pas dire codifier. L'entreprise de la codification est une réelle œuvre de systématisation, de cohérence, de comptabilité et de complémentarité des normes d'un système donné.

Ainsi, la consolidation de l'ordre juridique n'est possible qu'avec un rapprochement des pratiques sociales. Aussi, l'Etat centrafricain et le Droit qu'il engendre ne peuvent avoir que pour seul but l'impérieuse nécessité de pacifier les relations humaines. Sans des règles de Droit acceptées par la majorité du peuple, c'est la loi du plus fort qui règne. Ce qui traduit une certaine unité dans la diversité des règles de Droit. La codification est ainsi un processus qui tient compte de tous les acquis passés et présents. Il faut espérer que demain la RCA sera régie par de nouveaux Droits adaptés à ses nouveaux besoins.

Esquisse bibliographique sur la République centrafricaine

Ouvrages

- Adrien Poussou, *Il neige sur Bangui... Où va la République centrafricaine ?*, Editions Bêafrika, 2011, 107p.

- Aristide Briand Reboas, *Pour une politique de paix en Centrafrique*, Paris, Editions L'Harmattan, 2016, 54p.

- Augustin Jérémie Doui-Wawaye, *La sécurité et l'Etat de droit en République centrafricaine. La sécurité, la fondation de l'Etat centrafricain : contribution à la recherche de l'Etat de droit*, Thèse publiée, Presses académiques francophones, 2012, 692p.

- Augustin Jérémie Doui-Wawaye, *Repenser la sécurité en République centrafricaine*, Paris, Editions L'Harmattan, coll. « Etudes africaines », 2014, 104p.

- Augustin Jérémie Doui-Wawaye, *L'insécurité en République centrafricaine Quel rôle pour le droit international ?* Paris, Editions L'Harmattan, coll. « Etudes africaines », 2015, 126p.

- Augustin Jérémie Doui-Wawaye, *La communication à l'épreuve de l'internet : entre pauvreté numérique, droit d'accès et utilité en République centrafricaine*, Presses académiques francophones, 2016, 152p.

- Barthelemy Doui, *Conflits et insécurité alimentaire en Centrafrique : l'impact des conflits militaro-politiques sur la population centrafricaine exposée à l'insécurité alimentaire*, Editions Omniscriptum, 2013, 76p.

- Bernard Simiti, *De l'Oubangui-Chari à la République centrafricaine indépendante*, Paris, Editions L'Harmattan, coll. « Etudes africaines », 2014, 66p.

- Didier Kassaï, *Tempête sur Bangui*, La Boîte à Bulles, Saint-Avertin, 152 p.

- Dominique Auzias, *La République centrafricaine*, Paris, Editions Nouvelle édition de l'Université, coll. Le Petit Futé, 2007, 198p.

- Emmanuel Germain, *La Centrafrique de Bokassa, 1965-1979 : force et déclin d'un pouvoir personnel*, Paris, Editions L'harmattan, 2000, 285p.

- Fugain Dreyfus Enjegandeyo Yepoussa, *Plaidoyer pour la paix en Centrafrique*, Paris, Editions LHarmattan, 2016, 104p.

- Honki De Sassara, *CENTRAFRIQUE La dérive singulière*, Paris, Editions L'Harmattan, 2015, 190p.

- Jean-Paul Ngoupande, *Chronique de la crise centrafricaine 1997-1997- Le syndrome Barracuda*, Paris, Editions L'Harmattan, coll. Etudes africaines, 1997, 260p.

- Jocelyn Coulon, Damien Larramendy, Marie-Joëlle Zahar, *Consolidation de la paix et fragilité étatique : l'ONU en République centrafricaine*, PU Montréal, coll. « Politique mondiale », 2015, 215p.

- Johanes Arnaud Bepou-Bangue, *Troupe (la) de Bemba était tombée sur nos têtes*, Paris, Editions L'Harmattan, 2014, 68p.

- Johny Vianey Bissakounou, *L'autre version de la crise centrafricaine*, Paris, Editions L'Harmattan, coll. « Point de vue », 2015, 138p.

- José Binoua (Pasteur), *Centrafrique : l'instabilité permanente*, Paris, Editions L'Harmattan, coll. « Etudes africaines », 2005.

- Justine Ndéma, *Dialogue (le) islamo-chrétien en Centrafrique*, Paris, Editions L'Harmattan, coll. « Croire et savoir en Afrique », 2015, 166p.

- Lambert Mosson, *Où en est l'urbanisation en Centrafrique ?*, Paris, Editions L'Harmattan, 2015, 118p.

- Lionel Pascal, *République centrafricaine : douanes et corruption, cause de la déliquescence du pays ?*, Paris, Editions L'Harmattan, 2015, 488p.

- Marie-Christine Courteille, *Enfants des rues en Centrafrique. Voyage en zone rouge*, Paris, Editions L'Harmattan, octobre 2016, 192p.

- Maurice Amaye, *Les missions catholiques et la formation de l'élite administrative et politique de l'Oubangui-Chari de 1920 à 1958*, Thèse de 3ème cycle d'Histoire des pays d'outre-mer), 1985.

- Pierre Kalk, *Histoire de la République Centrafricaine des origines à nos jours* », Paris, Berger-Levrault, 1974, 340p.

- Pierre Kalck, *Barthelemy BOGANDA : 1910-1959 élu de Dieu et des centrafricains*, Saint Maur, Editions Sepia, 1995, 218p.

- Pierre Saulnier, *Le Centrafrique entre mythe et réalité*, Paris, Editions L'Harmattan, coll. Etudes africaines, 1998, 233p.

- Raphaël Nzabakomada-Yakoma, *L'Afrique centrale insurgée. La guerre du Kongo-Wara 1928-1931*, Paris, Editions L'Harmattan, 1986

- Richard Appora-Ngalanié, *Eglise (l') et la démocratie en Centrafrique*, Paris, Editions L'Harmattan, coll. « Croire et savoir en Afrique », 2015, 104p.

- Tatiana Carayannis and Louisa Lombard (dir.), *Making sense of the Central African Republic*, Zed Books, London, 2015, 357p.

- Thomas Yanis, *Centrafrique : un destin volé : Histoire d'une domination française*, Paris, Editions Agone, coll. « Dossiers Noirs », 2016, 240p.

- Yarisse Zoctizoum, *Histoire de la Centrafrique*, Tome 2, *Violence du développement, domination et inégalités*, Paris, Editions L'harmattan, 1984, 383p.

- Yves Gatien Golo, *La réforme du secteur de la sécurité en République centrafricaine*, Paris, Editions L'Harmattan, coll. « Etudes africaines », Série Politique, 2016, 214p.

Articles

- Andreas Mehler et Vincent Da Cruz, « République Centrafricaine. La démocratie n'est pas un vaccin politique formel et informel » *in L'Afrique politique 2000*, p. 197-208.

- Christophe Châtelot, « Centrafrique : pourquoi intervenir » *in Le Monde*, 19 décembre 2013

- Cyriaque-Ruffin Nguimalet, Diana Alisson Balikouzou-Hinna, Marie-Cécile Rasoanantaondro, Gothard Bassebe et Silla Semballa, « Gestion de la qualité de l'eau, conflits et risques dans la ville de Bangui (République centrafricaine) » *in Géocarrefour*, vol.80/4, 2005

- Didier Niewiadowski, « La République centrafricaine : le naufrage d'un Etat, l'agonie d'une Nation », api.rue89.nouvelobs.com/sites/news/files/assets/.../la___re publique_centrafricaine.pdf

- Didier Niewiadowski, « Centrafrique : les illusions perdues » *in La Revue géopolitique*, 17 juin 2015.

- Emmanuel Leroueil, « La Centrafrique face à la malédiction du diamant » *in Terengaweb-L'Afrique des idées*, 22 octobre 2013.

- Géraldine Faes et Stephen Smith, « République centrafricaine : La solitude et le chaos » *in Politique internationale*, n°88, été, 2000, p.284

- Michel Koy, Maxime Faustin M'bringa Takama, Pierre-marie Decoudras, « République Centrafricaine : les vicissitudes du changement » *in L'Afrique politique*, Paris, Editions Karthala et CEAN, 1995, p.235-249.

- Patrick Gourdin, « République centrafricaine ; géopolitique d'un pays oublié », *La Revue géopolitique*, mars 2013.

- Philippe Hugon, « Les défis de la stabilité en Centrafrique » *in Les Notes de l'IRIS (Institut des Relations Internationales et Stratégiques)*, février 2014, p.1-13.

- Pierre Vidal, « Bangui préhistorique et le peuplement ancien du site de sa région » *in* François Villien, *Bangui capital d'un pays enclavé d'Afrique centrale, étude historique et géographique*, Université de Brazzaville et de Bangui, Collection « Pays enclavés », 4, CRET, Université de Bordeaux III, p.7-17.

- Régine Goutalier, « Les débuts difficiles de la capitale de la République centrafricaine. Bangui de 1889 à 1883 » *in Cahiers d'études africaines*, volume 14, numéro 54, année 1974, p.299-316

- Rosa Moussaoui, « République centrafricaine, les enjeux pétroliers d'un conflit » *in L'Humanité*, 12 décembre 2013.

- Sébastien Spitzer, « De la MISAB à la MINURCA » *in Jeune Afrique* n°1941, 24 mars 1998.

- Thierry Vircoulon, « La Centrafrique : la marginalité du centre » *in* JP Vellovaglia, *Déterminants Edes conflits et nouvelles formes de prévention*, Bruxelles, Editions Bruylant, 2013, p 453-465.

- Thomas Flichy De La Neuville, « Le Tchad, clé de la paix en Centrafrique » *in Les Echos*, 15 décembre 2013.

- Vincent Munié, « Agonie silencieuse de la Centrafrique » *in Le Monde diplomatique*, octobre 2013.

Résolutions du Conseil de sécurité des Nations Unies

- Résolution 154 votée le 23 août 1960 qui recommande à l'Assemblée générale des Nations unies d'admettre la République centrafricaine comme nouveau membre.

- Résolution 1488 (XV) adoptée par l'Assemblée générale à sa 864ème séance plénière tenue le 20 septembre 1960 portant admission de la RCA comme membre de l'ONU.

- Résolution 1125 (1997) adoptée le 6 août 1997 par le Conseil de Sécurité à sa 3808ème séance, le 6 août 1997 portant note avec satisfaction de la signature des Accords de Bangui (S/1997/561, appendices III à VI) le 25 janvier 1997 et de la création de la Mission interafricaine chargée de surveiller l'application des Accords de Bangui (MISAB).

- Résolution 1136 (1997) adoptée le 6 novembre 1997 par le Conseil de sécurité à sa 3829ème séance, le 6 novembre 1997 décidant en vertu du Chapitre VII de la Charte des Nations Unies, d'autoriser les Etats membres participant à la MISAB et ceux qui fournissent un soutien logistique à assurer la sécurité et la liberté de mouvement de leur personnel pour une durée de trois mois à compter de l'adoption de la présente résolution.

- Résolution 1152 (1998) du 5 février 1998 adoptée par le Conseil de sécurité à sa 3853ème séance, le 5 février 1998 déclarant son intention de prendre une décision, d'ici au 16 mars 1998, sur la création d'une opération de maintien de la paix des Nations Unies en République centrafricaine.

- Résolution 1155 (1998) du 16 mars 1998, portant évolution des procédures de suivi de l'Assemblée avril 1997-avril 1998.

- Résolution 1159 (1998) adoptée par le Conseil de Sécurité à sa 3867ème séance, le 27 mars 1998 portant établissement, avec effet au 15 avril 1998, d'une Mission des Nations Unies en République centrafricaine (MINURCA).

- Résolution 1182 (1998) adoptée par le Conseil de sécurité à sa 3905ème séance, le 14 juillet 1998 portant décision de proroger le mandat de la MINURCA jusqu'au 25 octobre 1998.

- Résolution 1201 (1998) adoptée par le Conseil de sécurité à sa 3935ème séance, le 15 octobre 1998 portant décision d'inclure dans le mandat de la MINURCA le soutien à l'organisation des élections législatives et décidant d'étendre le mandat de la MINURCA jusqu'au 28 février 1999.

- Résolution 1230 (1999) adoptée par le Conseil de sécurité à sa 3984ème séance, le 26 février 1999 portant prorogation du mandat de la MINURCA jusqu'au 15 novembre 1999.

- Résolution 1778 (2007) adoptée par le Conseil de sécurité à sa 5748ème séance, le 25 septembre 2007 portant création d'une Mission des Nations Unies en République centrafricaine et au Tchad (MINURCAT).

- Résolution 1834 (2008) adoptée par le Conseil de sécurité à sa 5981ème séance, le 24 septembre 2008 décidant de proroger jusqu'au 15 mars 2009 le mandat de la Mission des Nations Unies en République centrafricaine et au Tchad (MINURCAT).

- Résolution 1861 (2009) adoptée par le Conseil de sécurité à sa 6064ème séance, le 14 janvier 2009 portant prorogation jusqu'au 15 mars 2010 le mandat du MINURCAT.

- Résolution 1913 (2010) adoptée par le Conseil de sécurité à sa 6283ème séance, le 12 mars 2010 portant prorogation du mandat de la Mission des Nations unies en République centrafricaine et au Tchad (MINURCAT) jusqu'au 26 mai 2010.

- Résolution 1922 (2010) adoptée par le Conseil de sécurité à sa 6312ème séance, le 12 mai 2010 portant prorogation jusqu'au 26 mai le mandat de la Mission des Nations Unies en république centrafricaine et au Tchad (MINUSCAT) qui expirera le 15 mai 2010.

- Résolution 2031 (2011) adoptée par le Conseil de sécurité à sa 6696ème séance, le 21 décembre 2011 prorogeant le mandant du Bureau intégré des Nations Unies pour la consolidation de la paix en Centrafrique jusqu'au 31 janvier 2013.

- Résolution 2088 (2013) adoptée par le Conseil de sécurité à sa 6907ème séance, le 24 janvier 2013 exigeant le règlement pacifique de la crise en République centrafricaine et se disant prêt à adopter les « mesures appropriées ».

- Résolution 2121 (2013) adoptée par le Conseil de sécurité à sa 7042ème séance, le 10 octobre 2013 renforçant et actualisant le mandat du Bureau des Nations Unies pour la consolidation de la paix en République centrafricaine (BINUCA) et demandant au Secrétaire général de présenter 30 jours après l'adoption de la résolution, un rapport écrit sur la planification de la Mission internationale de soutien à la Centrafrique sous conduite africaine (MISCA) exposant en détail des options possibles pour l'appui que fournira la communauté internationale à la MISCA, y compris la possibilité de transformer celle-ci en une opération de maintien de la paix des Nations Unies.

- Résolution 2127 (2013) adoptée par le Conseil de sécurité à sa 7072ème séance, le 5 décembre 2013 autorisant le déploiement de la MISCA, avec l'appui des forces françaises.

- Résolution 2134 (2014) adoptée par le Conseil de sécurité à sa 7103ème séance, le 28 janvier 2014 autorisant le déploiement en République centrafricaine d'une opération de l'Union européenne.

- Résolution 2149 (2014) adoptée par le Conseil de sécurité à sa 7153ème séance, le 10 avril 2014 portant création de la Mission intégrée multidimensionnelle de stabilisation des Nations Unies en République centrafricaine (MINUSCA).

- Résolution 2181(2014) adoptée par le Conseil de sécurité à sa 7280ème séance, le 21 octobre 2014 prorogeant l'autorisation donnée à l'Union européenne « de prendre toutes les mesures nécessaires » en République centrafricaine.

- Résolution 2196 (2015) adoptée par le Conseil de sécurité à sa 7366ème séance, le 22 janvier 2015 appelant les Etats membres à veiller au respect de l'embargo sur les armes imposé à la République centrafricaine.

- Résolution 2212 (2015) adoptée par le Conseil de sécurité à sa 7416ème séance, le 26 mars 2015 décidant d'augmenter les effectifs de la Mission multidimensionnelle intégrée de l'ONU pour la stabilisation en République centrafricaine.

- Résolution 2217 (2015) adoptée par le Conseil de sécurité à sa 7434ème séance, le 28 avril 2015 décidant de proroger le mandat de la MINUSCA et de renforcer son effectif en République centrafricaine.

- Résolution 2262 (2016) adoptée par le Conseil de sécurité à sa 7611ème séance, le 27 janvier 2016 portant prorogation des sanctions concernant la République centrafricaine pour une année et reconduisant le mandat du Group d'experts jusqu'au 28 février 2017.

- Résolution 2264 (2016) adoptée par le Conseil de sécurité à sa 7617ème séance, le 9 février 2016 portant augmentation des effectifs des agents pénitentiaires de la Mission de l'ONU en République centrafricaine.

- Résolution 2281 (2016) adoptée par le Conseil de sécurité à sa 7677ème séance, le 26 avril 2016 portant prorogation du mandat de la Mission de l'ONU en République centrafricaine jusqu'au 31 juillet 2016.

- Résolution 2301 (2016) adoptée par le Conseil de sécurité à sa 7747ème séance, le 26 juillet 2016 procédant à une hiérarchisation des tâches dévolues à la MINUSCA et prorogeant son mandat jusqu'au 15 novembre 2017.

Rapports

- Fédération Internationale Des Ligues Des Droits De L'homme, *Oubliées, stigmatisées : la double peine des victimes de crimes internationaux*, Rapport n°457, février 2006, 45p.

- François Mobebou (Général), « État des lieux des forces de défenses » *in* Rapport final du comité préparatoire du séminaire, *La Réforme du secteur sécuritaire*, Bangui, 2008, p.79-85.

- Hilary Margolis, *République centrafricaine : violées et abandonnées quand les conflits font rage*, 19 juin 2016.

- Human Rights watch, *République centrafricaine, les atrocités sectaires s'intensifient*, Rapport 12 décembre 2013.

- International Crisis Group, *Centrafrique : les racines de la violence*, Rapport Afrique n°230, 21 septembre 2015.

- International Crisis Group, *La crise centrafricaine, de la prédation à la stabilisation*, Rapport Afrique, n°219, 17 juin 2014.

- International Crisis Group, *La face cachée du conflit centrafricain*, Briefing Afrique, n°105, 12 décembre 2012.

- International Crisis group, *De dangereuses petites pierres : les diamants en République centrafricaine*, Rapport Afrique n°167, 16 décembre 2010.

- International Crisis Group, *République centrafricaine : anatomie d'un Etat fantôme*, Rapport Afrique, n°136, 2007.

- Peter Bouckaert et Olivier Bercault, *République Centrafricaine : Etat d'anarchie, rébellions et exactions contre la population civile*, Human Rights Watch, septembre 2007, 116p.

Filmographie

- *La République centrafricaine aux marges de l'Afrique*, collection « Le Dessous des cartes », film d'Alain Jomier, Arte, ADAV, 2012, 12 min 15 s (DVD)

- *Centrafrique, l'impossible réconciliation*, film documentaire d'Eric Bergeron, Michel Dumont et Isabelle Nommay, Arte, ADAV, 2014, 12 min (DVD).

Table des matières

Questions juridiques

aux éditions L'Harmattan

Dernières parutions

CONCILIATION ET MÉDIATION DEVANT LA JURIDICTION ADMINISTRATIVE
Actes du colloque du Conseil d'État du 17 juin 2015
Sous la direction de Jacques Biancarelli et Béatrice Blohorn-Brenneur
Voici près de 25 ans que le Conseil d'État, confronté à une judiciarisation croissante de la société, réfléchit aux modes alternatifs de règlement des différends afin de les pacifier et de rendre les justiciables davantage confiants en la justice administrative. Après avoir rappelé le contexte juridique et les enjeux d'une telle impulsion, un bilan comparatif des pratiques du juge administratif et du juge judiciaire a permis de mesurer combien il est nécessaire et urgent de compléter la boîte à outils dont dispose le premier. Voici une réflexion, les références et les outils nécessaires à la juridiction administrative.
(Coédition GEMME, 24.00 euros, 246 p.)
ISBN : 978-2-343-07270-8, ISBN EBOOK : 978-2-336-39774-0

L'ERREUR JUDICIAIRE
Apprendre à douter pour lutter contre les erreurs judiciaires
Sous la direction de Xavier Pin
L'erreur judiciaire hante autant qu'elle jalonne l'histoire de notre justice pénale. Nous avons tous en mémoire de retentissants procès ayant vu des individus accusés ou condamnés, avant d'être disculpés, graciés ou réhabilités. Le législateur y est sensible au point de réformer régulièrement la procédure pénale pour tenter d'éviter, de corriger ou de réparer, autant que possible, de telles erreurs. Une loi du 20 juin 2014 réforme les procédures de révision et de réexamen des condamnations pénales définitives : elle est l'occasion d'essayer de comprendre ces fiascos judiciaires.
(Coll. Droit privé et sciences criminelles, 15.00 euros, 126 p.)
ISBN : 978-2-343-07284-5, ISBN EBOOK : 978-2-336-39807-5

LE DROIT CONSTITUTIONNEL DE LA Ve RÉPUBLIQUE
(Treizième édition)
Lascombe Michel, Toulemonde Gilles
Cet ouvrage s'adresse aux étudiants en droit, aux élèves des instituts d'études politiques et aux candidats aux concours administratifs. Il couvre l'essentiel

du programme de droit constitutionnel, c'est-à-dire aussi bien les constitutions françaises depuis 1789 que l'actuel texte constitutionnel. Cette nouvelle édition tient compte des derniers développements induits par les changements politiques, des dernières réformes des règlements des assemblées et de la jurisprudence la plus récente.
(Coll. Logiques Juridiques, 42.00 euros, 506 p.)
ISBN : 978-2-343-07916-5, ISBN EBOOK : 978-2-336-39877-8

LA PROXIMITÉ EN DROIT INTERNATIONAL PRIVÉ DE LA FAMILLE
Bouyahia Sabrine Maya - Préface de Lotfi Chedly et Marie Goré
Parmi les méthodes proposées pour trancher les litiges présentant un élément d'extranéité, figure celle reposant sur le principe de proximité. L'étude porte sur deux systèmes de droit international privé de la famille différents (droit français et droit tunisien) pour mettre en exergue d'une part l'adaptation de cette méthode aux spécificités de chaque ordre étatique et d'autre part son adéquation avec tous les différents systèmes de droit.
(Coll. Logiques Juridiques, 54.00 euros, 618 p.)
ISBN : 978-2-343-05464-3, ISBN EBOOK : 978-2-336-39866-2

QUARTIER-FEMMES ÉCROU 10970
Boh-Petit Dominique
Cellule 24 : une femme dit toute sa souffrance d'être enfermée. Elle a tué. Son histoire est à la rubrique des faits divers. La Cour d'assises la jugera. Bien des années plus tard, elle est libérée. La vie doit reprendre. Ce récit est parfaitement conforme à la réalité. Tout a existé et existe encore.
(Coll. La justice au quotidien, 15.00 euros, 130 p.)
ISBN : 978-2-343-07436-8, ISBN EBOOK : 978-2-336-39812-9

GABELOUS ET CONTREBANDIERS
Histoire des fermiers généraux de Dijon (1760-1780)
Evrard Sébastien - Préface de Marc Fradet
En exhumant un registre du personnel de la direction des fermes de Dijon, l'auteur retrace, entre 1760 et 1780, la vie méconnue de centaines d'agents au service du doit et de l'impôt. Ces derniers servaient un système protecteur (la retraite fait son apparition dès 1768), parfois très rémunérateur, mais qui s'avère aussi, sous certains aspects, une machine à broyer les hommes : le régime des sanctions que met en place la Ferme est d'une efficacité redoutable. En définitive, la Ferme présente un aspect mitigé.
(Coll. Mémoires des Douanes, 28.50 euros, 278 p.)
ISBN : 978-2-343-06683-7, ISBN EBOOK : 978-2-336-39845-7

DICTIONNAIRE OHADA
(3e édition)
Bitsamana Hilarion Alain
Ce dictionnaire spécial du droit des affaires OHADA propose une définition claire et précise, avec tous les compléments nécessaires, des principaux termes utilisés tous les jours se rapportant à l'OHADA. Un ouvrage de référence

permettant de décoder l'OHADA, accessible à toute personne s'intéressant au monde des affaires en Afrique comme à l'étranger.
(39.00 euros, 398 p.)
ISBN : 978-2-343-07656-0, ISBN EBOOK : 978-2-336-39786-3

LA DÉJUDICIARISATION ET LES PROCÉDURES NON CONTENTIEUSES EN AFRIQUE
Amboulou Hygin Didace
La déjudiciarisation comprend l'ensemble des mécanismes de gestion des différends en rationalisant les moyens matériels et humains de la justice, afin de pallier les déficiences du système judiciaire et de limiter les surcharges des juridictions. Les institutions de nombreux pays sont analysées et les déjudiciarisations en droit public et en droit privé sont abordées.
(Coll. Études africaines, 17.50 euros, 156 p.)
ISBN : 978-2-343-06928-9, ISBN EBOOK : 978-2-336-39805-1

COMMENT RENFORCER L'INDÉPENDANCE DE LA MAGISTRATURE AU SÉNÉGAL ?
Ngom Babacar
Préface de Amadou Mahtar Mbow
L'ouvrage présente dans une première partie les garanties légales d'indépendance de la justice, notamment la règle de la séparation des pouvoirs, le principe de la soumission des juges à l'autorité de la loi et celui de l'inamovibilité du magistrat du siège. Après une analyse critique de ces dispositions, l'auteur formule des propositions de renforcement de l'indépendance de la magistrature.
(13.50 euros, 124 p.)
ISBN : 978-2-343-05158-1, ISBN EBOOK : 978-2-336-39837-2

LE DROIT PÉNAL DES AFFAIRES AU CAMEROUN
Djila Kouayi Kemajou Rose
Préface de Victor-Emmanuel Bokalli
Dans le domaine des affaires, la liberté d'entreprendre et d'investir comporte de nombreux risques, au rang desquels le risque pénal. La délinquance en col blanc n'étant plus réservée aux grandes sociétés commerciales, les moyens de lutte et de sécurisation des investisseurs nécessitent un droit pénal des affaires dont l'objectif est la recherche d'une éthique dans ce domaine.
(Coll. Études africaines, 35.50 euros, 350 p.)
ISBN : 978-2-343-07840-3, ISBN EBOOK : 978-2-336-39777-1

50 ANS DE MARIAGE
Réflexions d'un notaire sur l'évolution du couple ces cinquante dernières années
Dauptain Pierre
De la pilule contraceptive jusqu'au mariage pour tous, l'auteur nous propose une réflexion sur les lois qui ont accompagné l'évolution du couple au cours des cinquante dernières années. Il analyse cette évolution pour aborder les problématiques juridiques et morales qui font tant débat de nos jours. Il s'appuie sur des travaux de juristes ou de sociologues, des articles de presse, mais aussi sur

les chansons et les films qui ont marqué ces années et qui témoignent de façon si éclairante des changements de mentalités.
(Éditions Pepper, 16.50 euros, 148 p.)
ISBN : 978-2-343-07677-5, ISBN EBOOK : 978-2-336-39690-3

MÉTHODOLOGIE ET ASPECTS FORMELS DE LA RECHERCHE
Petit manuel à l'usage des juristes
Marain Gaëtan
L'ouvrage propose un véritable apprentissage du formalisme qui doit permettre aux étudiants et aux professionnels confrontés à la rédaction d'une thèse ou d'un mémoire juridique d'aborder ce travail avec sérénité. L'auteur donne une méthode de recherche pour définir le sujet, trouver et compulser les références utiles, échafauder un plan. Il aborde également les thèmes des citations d'auteur, notes de bas de page, mise en page. Il traite enfin du travail de relecture et de l'épreuve de soutenance.
(19.00 euros, 178 p.)
ISBN : 978-2-343-07638-6, ISBN EBOOK : 978-2-336-39556-2

RISQUES, ACCIDENTS ET CATASTROPHES
Liber amicorum
En l'honneur de Madame le professeur Marie-France Steinlé-Feuerbach
Sous la direction Hervé Arbousset, Caroline Lacroix et Benoît Steinmetz
L'étude et l'analyse des risques sont au cœur des réflexions du Professeur Steinlé-Feuerbach. Ses nombreux écrits de doctrine sur la thématique des accidents et des catastrophes ont amené à ce que ses collègues et amis lui dédient cet ouvrage. Ces mélanges donnent une vue d'ensemble d'une matière devenue une véritable discipline transcendant le clivage droit public-droit privé.
(Coll. Sciences criminelles, 34.00 euros, 334 p.)
ISBN : 978-2-343-07169-5, ISBN EBOOK : 978-2-336-39677-4

ÉTAT, COLLECTIVITÉS TERRITORIALES ET DROITS SOCIAUX
Étude du droit comparé
Sous la direction d'Olivier Lecucq
Comment, selon leur organisation territoriale respective, La France, l'Espagne et l'Italie œuvrent à la satisfaction des droits sociaux. Quels sont les rôles de l'État en ce domaine ? Quelles sont les actions qui en découlent et comment se coordonnent-elles ? Quelles en sont les implications en termes d'égalité des citoyens et des territoires ? L'ouvrage tente de répondre à ces questions en interpellant la réalisation de l'État social dans un contexte de crise, de réduction des déficits et de maîtrise des dépenses.
(Coll. Bibliothèques de droit, 22.50 euros, 221 p.)
ISBN : 978-2-343-07585-3, ISBN EBOOK : 978-2-336-39683-5

L'Harmattan Italia
Via Degli Artisti 15; 10124 Torino
harmattan.italia@gmail.com

L'Harmattan Hongrie
Könyvesbolt ; Kossuth L. u. 14-16
1053 Budapest

L'Harmattan Kinshasa
185, avenue Nyangwe
Commune de Lingwala
Kinshasa, R.D. Congo
(00243) 998697603 ou (00243) 999229662

L'Harmattan Congo
67, av. E. P. Lumumba
Bât. – Congo Pharmacie (Bib. Nat.)
BP2874 Brazzaville
harmattan.congo@yahoo.fr

L'Harmattan Guinée
Almamya Rue KA 028, en face
du restaurant Le Cèdre
OKB agency BP 3470 Conakry
(00224) 657 20 85 08 / 664 28 91 96
harmattanguinee@yahoo.fr

L'Harmattan Mali
Rue 73, Porte 536, Niamakoro,
Cité Unicef, Bamako
Tél. 00 (223) 20205724 / +(223) 76378082
poudiougopaul@yahoo.fr
pp.harmattan@gmail.com

L'Harmattan Cameroun
BP 11486
Face à la SNI, immeuble Don Bosco
Yaoundé
(00237) 99 76 61 66
harmattancam@yahoo.fr

L'Harmattan Côte d'Ivoire
Résidence Karl / cité des arts
Abidjan-Cocody 03 BP 1588 Abidjan 03
(00225) 05 77 87 31
etien_nda@yahoo.fr

L'Harmattan Burkina
Penou Achille Some
Ouagadougou
(+226) 70 26 88 27

L'Harmattan Sénégal
10 VDN en face Mermoz, après le pont de Fann
BP 45034 Dakar Fann
33 825 98 58 / 33 860 9858
senharmattan@gmail.com / senlibraire@gmail.com
www.harmattansenegal.com

L'Harmattan Bénin
ISOR-BENIN
01 BP 359 COTONOU-RP
Quartier Gbèdjromèdé,
Rue Agbélenco, Lot 1247 I
Tél : 00 229 21 32 53 79
christian_dablaka123@yahoo.fr

Achevé d'imprimer par Corlet Numérique - 14110 Condé-sur-Noireau
N° d'Imprimeur : 136424 - Dépôt légal : février 2017 - *Imprimé en France*

www.ingramcontent.com/pod-product-compliance
Lightning Source LLC
LaVergne TN
LVHW011041061026
849535LV00006B/2107
* 9 7 8 2 3 4 3 1 1 4 2 5 5 *